CLV

EINFACH HIMMLISCH!

Was die Ehe über Gott zeigt

JOHN PIPER

Soweit nicht anders vermerkt, sind die Bibelzitate der Elberfelder Übersetzung 2003, Edition CSV Hückeswagen, entnommen. Hervorhebungen in den Bibelzitaten sind in der Regel hinzugefügt worden.

This Momentary Marriage

Published by Crossway
a publishing ministry of Good News Publishers
Wheaton, Illinois 60187, U.S.A.

This edition published by arrangement
with Crossway.

2. überarbeitete Auflage 2025 (CLV)

(früher erschienen im Verlag pulsmedien, Worms)

Christliche Literatur-Verbreitung
Ravensberger Bleiche 6 · 33649 Bielefeld
www.clv.de

Übersetzung: Rahel Dyck, Frauke Bielefeldt
Satz: Anne Caspari, Marienheide
Cover: Anne Caspari, Marienheide
Druck und Bindung: FINIDR, s.r.o., Český Těšín, Tschechien

Artikel-Nr. 256390
ISBN 978-3-86699-390-7

INHALT

VORWORT

VON PENDELN UND VERGLEICHEN

NOËL PIPER

Ich kenne Paare, bei denen beide Partner sich in Denken und Fühlen so ähneln, dass sie fast ohne Konflikte zusammenarbeiten, Gott dienen, miteinander leben und Kinder großziehen können.

Auch wenn es solche Paare gibt: Wir gehören nicht dazu. Bei Persönlichkeitstests sind unsere Ergebnisse immer total gegensätzlich. Laut Ruth Bell Graham ist das auch gut so. Von ihr stammt der bekannte Satz: »Wenn zwei Menschen in jeder Sache übereinstimmen, ist einer von ihnen überflüssig.« Aber manchmal würden wir so eine Überflüssigkeit nur zu gerne einmal kennenlernen.

Meistens schwinge ich wie ein Pendel zwischen zwei Extremen hin und her: völliger Gegensatz oder absolute Übereinstimmung. Manchmal frage ich mich: »Wie um alles in der Welt habe ich so einen wunderbaren Mann bekommen? Was habe ich nur getan, um ein klein wenig seiner Aufmerksamkeit zu erhaschen, geschweige denn seine Frau zu werden?« Während einer dieser Hochphasen machten wir einen Test zur Einschätzung unserer Ehe. Die Ergebnisse siedelten mich hoch auf der Idealisierungsskala an: Ich nahm wenige Problemfelder in unserer Ehe wahr. Nach Expertenmeinung war ich also ziemlich unrealistisch.

Irgendwo auf so einem Höhenflug würde ich gerne stehen bleiben. Während dieser Zeiten freuen wir uns einfach nur aneinander – wie während einer Reise in die Blue Ridge Mountains:

UNTERWEGS

Lesen im Schaukelstuhl
Schmetterlinge und Schwarzbären
Moos und Muscheln
Lieder und Tanz
Spechte im Flug
Anbetungszeiten und Wandern
Zeit zum Reden
Spielen und Schlafen
Ruhe zum Verweilen
Mit dir

An anderen Tagen dagegen, wenn Trägheit und Widerstände uns herunterziehen, frage ich mich: »Wie konnten wir nur in dieses Schlamassel geraten? Was hat uns so uneinig und unzufrieden gemacht?« Unsere Silberhochzeit fiel in so eine Phase.

AUF DEM WEG ZU GOLD

Was für eine Art, sich auf ein Fest vorzubereiten!
Habe ich dich verletzt oder du mich?
Gezwungenes Lächeln
Diese Fassade kannten wir schon zu gut
»Mögen die nächsten 25 Jahre so großartig sein
wie die ersten!«, sagten sie lächelnd
und drückten uns, während ich versuchte
von einem anderen Leben zu träumen
weit, weit weg von dir
Aber ich wusste, ich würde bleiben
Wie könnte ich fliehen vor dem einen
der mich kennt und trotzdem noch liebt?
Dann kam Beryl, seit 60 Jahren mit Arnold zusammen
und ihre Worte wärmten mein kaltes Herz:
»Die Jahre, die kommen, sind die besten
die ersten 25 sind die härtesten.«

Hätten wir unsere Ehe während dieser harten Zeit einer seelsorgerlichen Bewertung unterzogen, wäre wohl herausgekommen, dass sie in ernsten Schwierigkeiten steckte. Doch das wäre ein ebenso falsches Urteil wie das des Idealismus während meiner »Alles-ist-gut«-Tage.

Das Pendel unserer Ehe schwankt und schlingert manchmal, aber seine Aufhängung ist fest und stabil. Gottes Gnade bewahrt es davor, auf den Boden zu krachen. In diesem Jahr feiern wir unseren 40. Hochzeitstag. Gott sei Dank ist uns dieses Mal wirklich nach Feiern zumute, und so sind wir gemeinsam auf dem Weg zum Gold des 50. – wenn Gott so gnädig ist und uns noch so viele gemeinsame Jahre schenkt.

Wir wissen, dass es das Gewicht unserer Sünde ist, das den Umschwung in die schlechteren Phasen beschleunigt. Aber es gibt eine wunderbare und beinahe unglaubliche Wahrheit, ein wirkliches Geheimnis, wie Paulus es in Epheser 5,31-32 sagt: Die Ehe deutet auf Christus und die Gemeinde hin. *Jede* Ehe, egal, wie sehr sie durch unsere Sünde hin- und herpendelt, und auch, wenn das Paar sich überhaupt nicht um Jesus schert.

Ich möchte noch einen anderen Vergleich ziehen: Gott hat die Ehe als Bild entworfen. Wie klar und deutlich ist das Porträt von Jesus, das unsere Ehe zeigt?

Ich liebe es, mit meiner kleinen Digitalkamera Bilder zu machen. Je größer und komplexer ein Gegenstand ist, desto schwieriger wird es, ihn vollständig und deutlich aufs Bild zu bekommen. Ein einzelnes Foto kann niemals zeigen, wie großartig der Grand Canyon ist. Natürlich, meine Unzulänglichkeiten als Fotografin ändern nichts an der Erhabenheit dieses Naturwunders. Trotzdem lassen einige Schnappschüsse besser als andere seine Pracht erahnen.

Ich wünsche mir, dass unsere Ehe ein wirklich gutes Bild von Jesus ist. Ich bete dafür, dass dieses Buch (das übrigens mein Lieblingsprediger geschrieben hat) die Linsen vieler Ehen so einstellt, dass das Bild von Christus und seiner Braut scharf und klar wird.

EINLEITUNG

EHE UND MARTYRIUM

Seit dem 3. April 1943 saß Dietrich Bonhoeffer in Haft. Der junge deutsche Pastor hatte sich dem Nationalsozialismus widersetzt und gemeinsam mit einigen anderen ein Attentat auf Adolf Hitler geplant. Er war mit Maria von Wedemeyer verlobt und die beiden wollten heiraten, doch sie kamen nie dazu. Am frühen Morgen des 9. April 1945 wurde Bonhoeffer im Alter von 39 Jahren erhängt.

Bonhoeffer kam dadurch direkt in den Genuss der engen Gemeinschaft mit Gott. Die Ehe als Vorstufe dieser Beziehung erlebte er dagegen nicht mehr.

Unser Leben kann auf verschiedene Arten auf Christus hinweisen. Einige Menschen beruft Gott, dies durch ihre *Ehe* zu tun. Doch Bonhoeffers Berufung war nicht die Ehe, sondern das *Martyrium*.

Im Augenblick des Todes verheiratet zu sein, ist wunderschön und schmerzhaft zugleich. Wunderschön, weil einem mit dem Tod vor Augen deutlicher als je zuvor bewusst wird, welchen Schatz man in dem geliebten Partner hatte, aber auch unglaublich schmerzhaft, weil sich das Leid verdoppelt, wenn der eine den anderen sterben sieht. Wenn beide sterben und vielleicht noch ein Kind betroffen ist, vervielfacht sich das Leid sogar.

VERBUNDEN AUCH IM TOD

Genau das war der Fall bei John und Betty Stam. Die beiden waren Missionare der China-Inland-Mission. Sie hatten sich am Moody Bible Institute kennengelernt und reisten dann getrennt voneinander nach China, sie 1931, er ein Jahr später. Am 25. Oktober 1933 wurden sie von Reuben A. Torrey in Tsinan (heute Jinan) getraut. John war damals 26, Betty 27 Jahre alt.

Ein Bürgerkrieg zwischen der Chinesischen Nationalpartei und der Kommunistischen Partei Chinas machte es gefährlich, in dieser Region zu leben. Am 11. September 1934 wurde ihre Tochter Helen Priscilla geboren. Nur drei Monate später wurden John und Betty auf einem Hügel außerhalb der Stadt Miaosheo enthauptet. Die kleine Helen lag unterdessen in ihrem Versteck, wo ihre Mutter sie mit nichts als zehn Dollar eingewickelt in ihrer Decke zurücklassen musste.

Geraldine Taylor, die Schwiegertochter Hudson Taylors (des Gründers der China-Inland-Mission), veröffentlichte die Geschichte vom Martyrium der Stams zwei Jahre nach deren Tod. Die Geschichte dieser Ehe bringt mich immer wieder zum Weinen, weil sich in ihr so wunderschöne Momente und so tiefes Leid vereinen.

> »*Nie war ihnen die Kleine so kostbar gewesen wie an dem nächsten Morgen, als sie das süße Babygesicht ein letztes Mal sahen und dann abgeführt wurden, um zu sterben. Aber sie zeigten keine Schwäche. Die Augenzeugen dieser Szene konnten nur staunen über die Ruhe, mit der John und Betty dem Schlimmsten entgegengingen, was sich ihre irregeleiteten Feinde hatten ausdenken können. In dieser Stunde, in der alle Mächte der Hölle loszubrechen*

schienen, trugen sie den moralischen und geistlichen Sieg davon. Die Stricke, mit denen sie gebunden waren, verursachten ihnen Schmerzen. Die Hände auf dem Rücken und ihrer Oberbekleidung beraubt (John war sogar barfuß, weil er Betty seine Socken gelassen hatte), gingen sie die Straße hinab, wo sie so viele kannten. Die Roten[1] machten sich indessen lustig über sie und riefen die Menschen herbei, weil man wollte, dass sie der Hinrichtung beiwohnten. Wie ihr Meister wurden auch sie auf eine kleine Anhöhe außerhalb der Stadt geführt. In einem Kiefernwäldchen angekommen, hielten die Kommunisten den Zuschauern, die zwar widerstrebend, aber zu Tode erschrocken und unfähig zum Protest waren, eine Strafpredigt. Ein Mann jedoch brach aus den Reihen heraus. Es war der Arzt dieses Ortes und selbst gläubiger Christ. Als er sich auf die Knie warf und um das Leben seiner Freunde flehte, brachte er zum Ausdruck, was viele der Anwesenden empfanden. Die Roten stießen ihn zornig zurück, aber er schwieg nicht. Als sie merkten, dass auch er ein Nachfolger Christi war, wurde er gefangen weggeschleppt, um ebenfalls zu Tode gebracht zu werden.

John wandte sich dem Anführer der Bande zu und bat um Gnade für den Mann, aber ihm wurde nur mit scharfen Worten befohlen, sich hinzuknien. Die Freude, die man später auf seinem Gesicht lesen konnte, zeugt von der unsichtbaren göttlichen Gegenwart um sie herum in dem Augenblick, als sein Geist in die Freiheit ging. Betty schien zu zittern, aber nur für kurze Zeit. Gefesselt, wie sie war, fiel sie ihm zur Seite auf die Knie. Ein kurzer Befehl, das Aufblitzen

1 Anmerkung des Übersetzers: die Rote Armee der Kommunistischen Partei Chinas.

eines Schwertes – das sie gnädigerweise nicht sehen konnte –, und sie waren miteinander vereint.«[2]

NICHTS IST VERLOREN

Ja, sie waren wieder vereint – aber nicht mehr als Mann und Frau. Jesus sagt: »Denn wenn sie aus den Toten auferstehen, heiraten sie nicht, noch werden sie verheiratet, sondern sie sind wie Engel in den Himmeln« (Markus 12,25). Den Bund der Ehe zwischen Mann und Frau gibt es nach dem Tod nicht mehr. Als Vorstufe des Bundes zwischen Christus und seiner verherrlichten Gemeinde muss er diesem weichen. Aber dadurch geht nichts verloren. Das wunderbare Lied der Freude wird einfach in eine unendlich viel höhere Tonart transponiert.

Die Liebe zwischen Dietrich Bonhoeffer und Maria von Wedemeyer sowie zwischen John und Betty Stam ist heute viel stärker, als sie zwischen John und Betty Stam je war oder zwischen Dietrich und Maria in einer Ehe gewesen wäre. Sie leuchten »wie die Sonne in dem Reich ihres Vaters« (Matthäus 13,43). Ihre vollendete Liebe unterstreicht die Herrlichkeit Christi.

In der Ewigkeit werden dann auch ihre Körper wiederhergestellt werden, und die ganze Schöpfung wird sich zusammen mit den Kindern Gottes über ein unvergängliches, herrliches neues Leben freuen (Römer 8,21).

---

2 Mary Geraldine Taylor, *Treu bis zum Tod: Die Geschichte eines Triumphs – John und Betty Stam*. Bielefeld 2010 (CLV), S. 138f. Das Kind war versteckt und wurde von Christen gefunden und gerettet.

DEN HORIZONT ERWEITERN

Einen Monat nach seiner Verhaftung und zwei Jahre vor seinem Tod schrieb Bonhoeffer aus der Militärabteilung des Gefängnisses Berlin-Tegel eine »Traupredigt aus der Zelle«. Sein Text war Epheser 1,12: »damit wir zum Preise seiner Herrlichkeit seien«.

> *»Ehe ist mehr als eure Liebe zueinander ... In eurer Liebe seht ihr nur den Himmel eures eigenen Glückes, durch die Ehe seid ihr verantwortlich in die Welt und die Gemeinschaft der Menschen hineingestellt; eure Liebe gehört euch allein und persönlich, die Ehe ist etwas Überpersönliches, sie ist ein Stand, ein Amt. Wie die Krone den König macht und nicht schon der Wille zu herrschen, so macht die Ehe und nicht schon eure Liebe zueinander euch zu einem Paar vor Gott und vor den Menschen.«*[3]

Mit diesem Buch möchte ich Ihren Horizont im Blick auf die Ehe erweitern. Wie Bonhoeffer sagt: Sie ist mehr als nur die Liebe zweier Menschen füreinander. Weit mehr. Die Bedeutung der Ehe ist unendlich groß. Und das sage ich ganz bewusst so. Die Ehe ist das Modell des Liebesbundes zwischen Christus und seinem Volk.

Im Tod Christi für die Kirche – seine Braut – erreicht dieser Liebesbund seinen Höhepunkt. Durch den Tod seines Sohnes hat Gott seine Gnade gezeigt und damit seine Ehre und Herrlichkeit auf unnachahmliche Weise unter Beweis gestellt. Paulus schreibt, dass

---

3 Dietrich Bonhoeffer, *Widerstand und Ergebung: Briefe und Aufzeichnungen aus der Haft*, Hrsg. Eberhard Bethge, 17. Auflage: Gütersloh 2002 (Gütersloher Verlagshaus), S. 35. Alle Zitate von Bonhoeffer auf den Endseiten eines Kapitels stammen aus *Widerstand und Ergebung* oder Dietrich Bonhoeffer, *Gemeinsames Leben*, Hrsg. Eberhard Bethge u. a., 26. überarbeitete Auflage: Gütersloh 2001 (Gütersloher Verlagshaus) oder Dietrich Bonhoeffer, *Nachfolge*, Hrsg. Martin Kuske und Ilse Tödt, Taschenbuch-Neuauflage: Gütersloh 2002 (Gütersloher Verlagshaus).

es unsere höchste Bestimmung ist, Gott zu loben für die »Herrlichkeit seiner Gnade, womit er uns begnadigt hat in dem Geliebten« (Epheser 1,6). Und in diesem Zusammenhang ist die Ehe für ihn von unschätzbarem Wert, denn allein in ihr bildet Gott diesen Liebesbund ab: »Christus [hat] die Versammlung[4] geliebt und sich selbst für sie hingegeben« (Epheser 5,25).

EIN SELTSAMER BEGINN FÜR EIN EHEBUCH

Es mag Ihnen sonderbar vorkommen, ein Buch über die Ehe mit Gedanken über das Martyrium zu beginnen. Würden wir in einer anderen Welt leben und eine andere Bibel haben, dann fände ich es auch seltsam. Aber in meiner Bibel steht:

> »Dies aber sage ich, Brüder: Die Zeit ist gedrängt. Im Übrigen, dass auch die, die Frauen haben, seien, als hätten sie keine« (1. Korinther 7,29).

> »Wenn jemand zu mir kommt und hasst nicht seinen Vater und seine Mutter und seine Frau und seine Kinder und seine Brüder und Schwestern, dazu aber auch sein eigenes Leben, so kann er nicht mein Jünger sein« (Lukas 14,26).

> »Wahrlich, ich sage euch: Es ist niemand, der Haus oder Frau oder Brüder oder Eltern oder Kinder verlassen hat um des Reiches

---

4 Anmerkung des Herausgebers: Die in diesem Buch verwendete Elberfelder Übersetzung 2003, Edition CSV Hückeswagen, gibt das griechische Wort *ekklesia* im Deutschen mit »Versammlung« wieder. Außerhalb der Bibelzitate verwenden wir in diesem Buch stattdessen das Wort »Gemeinde«.

Gottes willen, der nicht vielfach empfängt in dieser Zeit, und in dem kommenden Zeitalter ewiges Leben« (Lukas 18,29-30).

Ich verstehe diese Verse so: Die Ehe ist eine gute Gabe Gottes. Aber in dieser gefallenen Welt ist die Sünde auf dem Vormarsch. Gehorsam kann teuer werden; wir müssen mit Leid rechnen, und »des Menschen Feinde werden seine Hausgenossen sein« (Matthäus 10,36). Es mag sein, dass Ihnen wunderschöne Romantik, leidenschaftliche sexuelle Intimität und tolle Kinder geschenkt werden. Aber klammern Sie sich nicht zu fest daran! Seien Sie bereit, diese Dinge wieder loszulassen – so, als würden Sie sie gar nicht besitzen. Daran erinnert uns Bonhoeffer. Um uns in diesem Buch regelmäßig an sein Leben und seine Bedeutung zu erinnern, werde ich ihn zu Beginn jedes Kapitels kurz sprechen lassen.

Romantik, Sex und Kinder sind zeitlich begrenzte und vergängliche Gaben Gottes. Sie sind kein Bestandteil des nächsten Lebens. Und selbst für dieses Leben werden sie uns nicht garantiert. Sie sind nur ein möglicher Weg auf der schmalen Straße zum Paradies. Eine Ehe führt auf atemberaubende Höhen, aber ebenso durch tiefe Täler. Sie macht viele Dinge süßer, aber mit ihr kommen auch bittere Zeiten.

WIR HABEN ES GESCHAFFT!

Die Ehe ist eine vorübergehende Gabe. Ich habe bisher nur an der Oberfläche ihrer Wunder und Wunden gekratzt. Ich hoffe, dass Sie noch weiter und tiefer einsteigen. Inzwischen haben Noël und ich unseren 40. Hochzeitstag gefeiert. Sie ist Gottes Geschenk an mich – weitaus besser, als ich es verdient habe. Wir sprechen oft über das Wunder, so lange verheiratet zu sein, bis einer von uns stirbt. So eine lange Ehe ist kein Spaziergang. Wir stellen uns dann vor, wie wir uns mit siebzig oder achtzig (dann wäre eine Scheidung nicht mehr nur Sünde, sondern auch in sozialer Hinsicht einfach dumm) in unserem Lieblingsrestaurant gegenübersitzen, das faltige Gesicht des anderen anlächeln und mit tiefster Dankbarkeit für Gottes Gnade sagen: »Wir haben es geschafft.« Denen, die gerade am Anfang ihrer Ehe stehen, möchte ich mit Dietrich Bonhoeffer sagen:

> *»›Nehmet euch untereinander auf … zu Gottes Lobe‹ (Römer 15,7). So habt ihr Gottes Wort über eure Ehe gehört, dankt ihm dafür, dankt ihm, dass er euch bis hierher geführt hat, bittet ihn, dass er eure Ehe gründe, festige, heilige und bewahre; so werdet ihr in eurer Ehe ›zum Preise seiner Herrlichkeit‹ sein. Amen.«*[5]

---

5 Dietrich Bonhoeffer, *Widerstand und Ergebung*, S. 39.

»Wie ihr den Ring erst euch selbst gegeben habt und ihn nun noch einmal aus der Hand des Pfarrers empfangt, so kommt die Liebe aus euch, die Ehe von oben, von Gott. So viel höher Gott ist als der Mensch, so viel höher ist die Heiligkeit, das Recht und die Verheißung der Ehe als die Heiligkeit, das Recht und die Verheißung der Liebe. Nicht eure Liebe trägt die Ehe, sondern von nun an trägt die Ehe eure Liebe.«

Dietrich Bonhoeffer,
Widerstand und Ergebung, S. 35.

KAPITEL 1

EHE MEINT NICHT VERLIEBT BLEIBEN

»Und Gott der HERR sprach: Es ist nicht gut, dass der Mensch allein sei; ich will ihm eine Hilfe machen, die ihm entspricht. Und Gott der HERR bildete aus dem Erdboden alle Tiere des Feldes und alle Vögel des Himmels, und er brachte sie zu dem Menschen, um zu sehen, wie er sie nennen würde; und wie irgend der Mensch ein lebendiges Wesen nennen würde, so sollte sein Name sein. Und der Mensch gab Namen allem Vieh und den Vögeln des Himmels und allen Tieren des Feldes. Aber für Adam fand er keine Hilfe, die ihm entsprach.

Und Gott der HERR ließ einen tiefen Schlaf auf den Menschen fallen, und er entschlief. Und er nahm eine von seinen Rippen und verschloss ihre Stelle mit Fleisch; und Gott der HERR baute aus der Rippe, die er vom Menschen genommen hatte, eine Frau, und er brachte sie zu dem Menschen. Und der Mensch sprach: Diese ist nun Gebein von meinen Gebeinen und Fleisch von meinem Fleisch; diese soll Männin heißen, denn vom Mann ist diese genommen. Darum wird ein Mann seinen Vater und seine Mutter verlassen und seiner Frau anhangen, und sie werden ein Fleisch sein. Und sie waren beide nackt, der Mensch und seine Frau, und sie schämten sich nicht.«

1. MOSE 2,18-25

Der Wert der Ehe wurde noch von keiner Kultur hoch genug geschätzt. Zwischen der biblischen und der gewöhnlichen, menschlichen Sicht auf die Ehe klafft eine riesige Schlucht. Daran hat sich über die Jahrhunderte nichts geändert. Allerdings schätzen einige Kulturen den Wert und die Gültigkeit der Ehe mehr als andere. Einige – wie unsere zum Beispiel – haben eine so geringschätzige, saloppe und »Alles-egal«-Einstellung zur Ehe, dass die biblische Sicht der Ehe den meisten Menschen im besten Fall noch lächerlich erscheint.

EINE UNVERGLEICHLICHE VISION

Das war auch zur Zeit Jesu nicht anders. Aber bei uns wiegt das Problem noch etwas schwerer. Nachdem Jesus seinen Jüngern Gottes wunderbare Absichten mit der Ehe ausgemalt hatte, sagten sie zu ihm: »Wenn die Sache des Mannes mit der Frau so steht, dann ist es nicht ratsam zu heiraten« (Matthäus 19,10)! Jesus hatte also eine so komplett andere Vorstellung von der Ehe als seine Jünger, dass die sich nicht einmal vorstellen konnten, dass so eine Ehe etwas Gutes sein könnte. Diese Neudefinition lag schlichtweg außerhalb ihrer Vorstellungskraft.

Wenn dies schon damals in der verhältnismäßig einfachen jüdischen Welt der Jünger der Fall war, muss Gottes großartige Vorstellung der Ehe für eine moderne westliche Kultur erst recht unbegreiflich sein. Der größte Götze in unserer Kultur ist das eigene Ich, wir verehren die Unabhängigkeit, beten die Unterhaltung an und opfern an den drei wichtigsten Altären Fernseher, Film und Internet. Der heiligste Kniefall gilt dem hemmungslosen Akt des sexuellen Verkehrs. Eine solche Kultur kann die Herrlichkeit der

Ehe, die Jesus beschreibt, nicht begreifen. Würde Jesus uns heute das Wunder der Ehe auslegen, würde er danach vermutlich das Gleiche sagen wie zu seinen Zeitgenossen damals:

> »Nicht alle fassen dieses Wort, sondern die, denen es gegeben ist; denn es gibt Verschnittene, die von Menschen verschnitten worden sind; und es gibt Verschnittene, die sich selbst verschnitten haben um des Reiches der Himmel willen. Wer es zu fassen vermag, der fasse es« (Matthäus 19,11-12).

AUFWACHEN AUS DER ILLUSION

Ich glaube, dass meine eigene Sünde, Selbstbezogenheit und kulturelle Prägung es mir beinahe unmöglich machen, Gottes wunderbare Absichten mit der Ehe zu erfassen. Unsere Gesellschaft findet es legitim, wenn zwei Männer oder zwei Frauen eine sexuelle Beziehung haben, und – absolut unfassbar! – nennt das auch noch Ehe. Vermutlich wird es nicht mehr lange dauern, bis unsere Kultur völlig in Ausschweifung und Anarchie versinkt.

Ich erwähne diese Entstellung der Ehe, weil ich Sie aufrütteln möchte. Mein Wunsch ist, dass Sie eine neue Bedeutung der Ehe entdecken, die viel besser und kraftvoller ist, als unsere Kultur (und vielleicht sogar Sie selbst) sich je vorstellen konnte. Die Größe und Herrlichkeit der Ehe geht weit über unsere Vorstellungskraft, unser Denken und Fühlen hinaus. Gott muss sie uns offenbaren und der Heilige Geist uns erleuchten und aufwecken. Die Welt kann nicht wissen, was die Ehe ist, wenn sie es nicht von Gott lernt. Der natürliche Mensch kann nicht sehen oder spüren, welches Wunder Gott mit der Ehe geschaffen hat. Ich bete dafür, dass

Gott Sie durch dieses Buch befreit von jeder zu klein geratenen, weltlichen, durch Kultur und Romantik verseuchten Sicht der Ehe, die das Ich in den Mittelpunkt stellt, Christus und Gott verneint und der Bibel widerspricht.

Grundlegend für das biblische Eheverständnis ist: Die Ehe ist Gottes Werk, seine Schöpfung. Und ihr höchstes Ziel ist aus biblischer Sicht: Sie besteht zu Gottes Ehre, sie ist sein Abbild.

1. Die Ehe ist Gottes Werk

Ganz grundlegend: Die Ehe ist von Gott gewollt. Dafür gibt es mindestens vier mehr oder weniger offensichtliche Belege in 1. Mose 2,15-28.

a) Gott schuf Mann und Frau

Die Ehe ist von Gott gewollt, weil er den Menschen als Mann und Frau erschuf. Das wird schon früher im Text in 1. Mose 1,27-28 deutlich gemacht:

> »Und Gott schuf den Menschen in seinem Bild, im Bild Gottes schuf er ihn; Mann und Frau schuf er sie. Und Gott segnete sie, und Gott sprach zu ihnen: Seid fruchtbar und mehrt euch und füllt die Erde und macht sie euch untertan; und herrscht über die Fische des Meeres und über die Vögel des Himmels und über alle Tiere, die sich auf der Erde regen!«

Aber auch im Gedankengang von 1. Mose 2 zeigt es sich ganz klar. In 1. Mose 2,18 urteilt Gott selbst, dass die Einsamkeit des Mannes nicht gut ist, und Gott selbst macht sich daran, eines der zentralen

Merkmale der Schöpfung zu vollenden – den Mann und die Frau in der Ehe.

> »Und Gott der HERR sprach: Es ist nicht gut, dass der Mensch allein sei; ich will ihm eine Hilfe machen, die ihm entspricht.«

Übersehen Sie diese zentrale Aussage nicht: Gott selbst schafft ein Wesen, das perfekt zum Mann passt – eine Frau.

Dann lässt er die Tiere an Adam vorbeiziehen, damit dieser sieht, dass es keine Kreatur gibt, die für diese Aufgabe geeignet ist. Dieses Geschöpf muss als einziges *aus dem Mann* gemacht sein, damit sie von seinem Wesen ist – ein menschlicher Artgenosse »im Bild Gottes«, wie 1. Mose 1,27 sagt. In 1. Mose 2,21-22 lesen wir:

> »Und Gott der HERR ließ einen tiefen Schlaf auf den Menschen fallen, und er entschlief. Und er nahm eine von seinen Rippen und verschloss ihre Stelle mit Fleisch; und Gott der HERR baute aus der Rippe, die er vom Menschen genommen hatte, eine Frau, und er brachte sie zu dem Menschen.«

Gott schuf sie. Der Text endet in 1. Mose 2,24-25 mit den Worten:

> »Darum wird ein Mann seinen Vater und seine Mutter verlassen und seiner Frau anhangen, und sie werden ein Fleisch sein. Und sie waren beide nackt, der Mensch und seine Frau, und sie schämten sich nicht.«

Das alles zielte also auf die Ehe ab. Das Erste, was wir über die Ehe als Gottes Schöpfung sagen können, ist also: Sie war sein Plan, als er Mann und Frau schuf.

b) Gott war der erste Brautvater

Die Ehe ist auch deshalb Gottes Werk, weil er der erste Brautvater war (1. Mose 2,22):

> »Und Gott der HERR baute aus der Rippe, die er vom Menschen genommen hatte, eine Frau, und er brachte sie zu dem Menschen.«

Er hat sie nicht versteckt und ließ Adam suchen, sondern brachte sie selbst zum Mann, nachdem er sie geformt hatte. In einem ganz tiefen Sinn war er ihr Vater. Und obwohl sie ihm gehörte, weil er sie geschaffen hatte, gab er sie nun dem Mann in diese absolut neue Beziehung namens *Ehe*, die sich so völlig unterscheidet von jeder anderen Beziehung auf der Welt.

c) Gott stiftet die Idee der Ehe

Die Ehe ist Gottes Werk – nicht nur, weil er die Frau mit dieser Absicht schuf und sie zum Mann brachte, wie ein Vater seine Tochter zu ihrem Ehemann bringt, sondern auch, weil Gott die Idee der Ehe stiftete (1. Mose 2,24):

> »Darum wird ein Mann seinen Vater und seine Mutter verlassen und seiner Frau anhangen, und sie werden ein Fleisch sein.«

Wer spricht da in Vers 24? Der Schreiber des ersten Buches Mose. Und wen hielt Jesus für den Schreiber dieses Buches? Er glaubte, dass es Mose war (Lukas 24,44). Er glaubte auch, dass Mose von Gott inspiriert war, sodass die Worte Moses eigentlich Gottes Worte waren. Das sehen wir in Matthäus 19,4-5:

> »Er aber antwortete und sprach: Habt ihr nicht gelesen, dass der, der sie schuf, sie von Anfang an als Mann und Frau machte und sprach: ›Deswegen wird ein Mann den Vater und die Mutter verlassen und seiner Frau anhangen, und die zwei werden ein Fleisch sein‹?«

Jesus sagt, dass die Worte in 1. Mose 2,24 Gottes Worte sind, obwohl sie von Mose aufgeschrieben wurden. Demnach ist die Ehe Gottes Schöpfung, weil Gott sie konzipiert hat.

d) Gott schenkt die leibliche Einheit

Es gibt noch einen vierten Hinweis darauf, dass die Ehe Gottes Werk ist: Er selbst schenkt die Einheit, auf die mit den Worten »ein Fleisch sein« Bezug genommen wird. Diese Einheit ist das Herzstück der Ehe.

In 1. Mose 2,24 stehen Gottes Einsetzungsworte der Ehe. So wie Gott die Frau aus dem Leib des Mannes genommen hat (1. Mose 2,21), so ist auch *er* es, der die Vereinigung zu einem Leib ausruft und vollzieht. Nicht der Mensch tut es, sondern Gott. Und es steht auch nicht in der Macht des Menschen, diese Einheit zu zerstören. Das wird hier nur angedeutet, aber Jesus macht es in Markus 10,8-9 ganz deutlich. Er zitiert 1. Mose 2,24 und fügt dann einen Kommentar hinzu, der wie ein Donnerschlag die Herrlichkeit der Ehe unterstreicht:

> »›... und die zwei werden ein Fleisch sein‹; also sind sie nicht mehr zwei, sondern ein Fleisch. Was nun Gott zusammengefügt hat, soll der Mensch nicht scheiden.«

Wenn ein Paar sich das Eheversprechen gibt, dann spielt weder der Mann noch die Frau noch ein Pastor oder ein Elternteil die Hauptrolle; das Wesentliche tut Gott. Gott verbindet einen Mann und eine Frau zu einer Einheit. Die Welt weiß das nicht. Das ist einer der Gründe, warum die Ehe so nachlässig behandelt wird. Und weil Christen oft so handeln, als wüssten sie es nicht, wird die Ehe auch innerhalb der Gemeinde nicht als das Wunder gesehen, das sie tatsächlich ist. Die Ehe ist Gottes Werk, weil sie eine Einheit als ein Fleisch ist, die Gott selbst vollzieht.

Wir können also festhalten, dass die Ehe Gottes Schöpfung ist:

1. Weil er Mann und Frau erschaffen hat.
2. Weil er selbst der erste Brautvater war.
3. Weil er die Idee der Ehe gestiftet hat: Verlasse die Eltern, hänge deiner Frau an, werdet ein Fleisch.
4. Weil er diese Einheit als ein Fleisch in jeder Ehe angelegt hat.

Wir bekommen eine Ahnung von der Größe der Ehe, wenn wir in Gottes Wort sehen, dass Gott selbst der große Handelnde ist. Die Ehe ist sein Werk. Sie kommt von ihm und durch ihn. Das ist das Grundlegendste, was wir über die Ehe sagen können.

Wenden wir uns nun dem Größten zu, was wir über die Ehe sagen können. Sie ist nicht nur von ihm und durch ihn, sondern auch *für* ihn.

2. Die Ehe besteht zu Gottes Ehre

Nach der Bibel hat Ehe vor allem ein Ziel: Sie soll Gott Ehre machen. Sie ist ein Bild Gottes. Die Ehe ist von Gott darauf angelegt, seine Herrlichkeit auf eine Art und Weise widerzuspiegeln, wie es kein anderes Ereignis und keine andere Institution kann.

Am deutlichsten sehen wir das, wenn wir 1. Mose 2,24 zusammen mit Epheser 5,31-32 betrachten. In 1. Mose 2,24 sagt Gott, dass ein Mann seine Eltern verlässt und sich so eng mit seiner Frau verbindet, dass die beiden ein Fleisch werden. Was für eine Art von Beziehung ist das? Was hält diese beiden Menschen zusammen? Können sie aus dieser Beziehung einfach weglaufen oder den Partner wechseln? Beruht ihre Beziehung auf Romantik, sexuellem Verlangen, dem Wunsch nach Gemeinschaft oder kulturellen Gebräuchen? Was hält die Ehe zusammen?

DAS GEHEIMNIS DER EHE

In 1. Mose 2,24 deuten die Worte »seiner Frau anhangen« und »sie werden ein Fleisch sein« auf etwas viel Tieferes und Beständigeres hin als eine Reihe von Lebensabschnitts-Partnerschaften und gelegentlichen Seitensprüngen. Diese Worte beschreiben die Ehe als geheiligten Bund, der in Versprechen gründet, die jedem Sturm standhalten, »solange wir leben«. Aber das wird hier nur stillschweigend vorausgesetzt; richtig deutlich wird es in

Epheser 5,31-32, wo das Geheimnis der Ehe ein gutes Stück mehr gelüftet wird.

Paulus zitiert in Vers 31 1. Mose 2,24 und liefert dann in Vers 32 die entscheidende Interpretation:

> »›Deswegen wird ein Mensch den Vater und die Mutter verlassen und seiner Frau anhangen, und die zwei werden ein Fleisch sein.‹ Dieses Geheimnis ist groß; ich sage es aber in Bezug auf Christus und auf die Versammlung.«

Anders ausgedrückt: Die Ehe ahmt das Bundesversprechen Christi an seine Gemeinde nach. Christus hat sich selbst als kommender Bräutigam für seine Braut, das wahre Volk Gottes, gesehen (Matthäus 9,15; 25,1-13; Johannes 3,29). Paulus wusste, dass er die Aufgabe hatte, die Braut um sich zu scharen – das wahre Volk Gottes, das Christus vertrauen würde. Sein Auftrag war es, die Gemeinde mit ihrem Bräutigam Jesus zu verloben. Er drückt das zum Beispiel in 2. Korinther 11,2 so aus:

> »Denn ich eifere um euch mit Gottes Eifer; denn ich habe euch einem Mann verlobt, um euch als eine keusche Jungfrau dem Christus darzustellen.«

Christus wusste, dass er für seine Braut mit seinem eigenen Blut bezahlen würde. Er nannte diese Beziehung den *Neuen Bund*: »Dieser Kelch ist der neue Bund in meinem Blut, das für euch vergossen wird« (Lukas 22,20). Darauf bezieht Paulus sich, wenn er sagt, dass die Ehe ein großes Geheimnis ist: »Ich sage es aber in Bezug auf Christus und die Versammlung.« Christus hat die Gemeinde mit seinem Blut erworben und hat einen neuen Bund mit ihr geschlossen, eine untrennbare »Ehe«.

Das Größte, was wir über die Ehe sagen können, ist, dass sie zu Gottes Ehre da ist. Das heißt, sie existiert, um etwas von Gott sichtbar zu machen. Hier wird klar, wie dies geschieht: Die Ehe bildet die Bundesbeziehung Christi mit seiner erlösten Gemeinde ab, deshalb ist höchste Bedeutung und Ziel der Ehe, dieses Bundesverhältnis zwischen Christus und seiner Gemeinde deutlich zu machen. Darum gibt es die Ehe. Wenn Sie verheiratet sind, dann deshalb. Und wenn Sie noch auf die Ehe hoffen, dann sollte das Ihr Traum sein.

CHRISTUS WIRD SEINE FRAU NIE VERLASSEN

Verheiratet zu bleiben, hängt also nicht in erster Linie davon ab, ob man verliebt bleibt. Es geht vielmehr darum, einen Bund einzuhalten. »Bis der Tod uns scheidet« oder »solange wir leben« sind geheiligte Bundesversprechen – so wie das Versprechen, das Jesus seiner Braut gab, als er für sie starb. Scheidung und Wiederheirat sind in Gottes Augen also *nicht nur* wegen des Bündnisbruches dem Partner gegenüber so schrecklich, *sondern auch*, weil dadurch Christus und sein Bund in Verruf geraten. Christus wird seine Frau nie verlassen. Niemals. Es mag zwar von unserer Seite aus Zeiten schmerzhafter Distanz und tragischer Abkehr geben, aber Christus hält seinen Bund für immer. Die Ehe ist ein Abbild davon! Das ist das Höchste, was wir über die Ehe sagen können. Sie zeigt Christi herrliche und treue Liebe.

Der wichtigste Gedanke, der in dieser Schlussfolgerung steckt: Es ist ebenso wichtig, den Bund mit unserem *Ehepartner* zu halten, wie über Gottes Bund mit uns in Christus zu erzählen. In der Ehe geht es nicht in erster Linie darum, verliebt zu sein oder zu bleiben, sondern mit unserem Leben die Wahrheit zu erzählen. Wir sollen eine Wahrheit über Jesus Christus und seinen Umgang mit seinem Volk sichtbar machen und im wahren Leben die Herrlichkeit des Evangeliums zeigen.

Jesus starb für Sünder. Durch das Feuer seines Leidens für uns schmiedete er einen Bund. Unter Einsatz seines Blutes machte er eine fehlerhafte Braut zu seinem Eigentum und kleidete sie mit den Kleidern seiner Gerechtigkeit. Er sagte: »Ich bin bei euch alle Tage bis zur Vollendung des Zeitalters« (Matthäus 28,20), und: »Ich werde dich nicht versäumen und dich nicht verlassen« (Hebräer 13,5).

Die Ehe wurde von Gott erdacht, um der Welt diese Wahrheit des Evangeliums klar und deutlich zu zeigen. Deshalb sind wir verheiratet, genau wie alle anderen Ehepaare, auch wenn sie dieses Evangelium nicht kennen und nicht angenommen haben.

»Über der Bestimmung der Frau und des Mannes liegt der dunkle Schatten eines göttlichen Zorneswortes, liegt eine göttliche Last, die sie tragen müssen. Die Frau soll ihre Kinder mit Schmerzen gebären, und der Mann soll in seiner Sorge für die Seinen viele Dornen und Disteln ernten und seine Arbeit im Schweiße des Angesichts tun. Diese Last soll Mann und Frau dazu führen, zu Gott zu rufen, und sie an ihre ewige Bestimmung in seinem Reich erinnern. Die irdische Gemeinschaft ist nur ein Abbild der ewigen Gemeinschaft, das irdische Haus ein Abbild des himmlischen Hauses, die irdische Familie ein Abglanz der Vaterschaft Gottes über alle Menschen, die vor ihm Kinder sind.«

Dietrich Bonhoeffer,
Widerstand und Ergebung, S. 38-39.

KAPITEL 2

NACKT, ABER OHNE SCHAM

»Und sie waren beide nackt, der Mensch und seine Frau, und sie schämten sich nicht.«

1. MOSE 2,25

Die Ehe ist wunderbarer, als irgendwer auf Erden sich vorstellen kann. Warum das so ist, können wir nur durch Gottes spezielle Offenbarung erfahren und durch das Wirken des Heiligen Geistes wertschätzen, der uns befähigt, das Wunder zu erfassen und anzunehmen. Wir brauchen die Hilfe des Heiligen Geistes, weil dieses Wunder mit dem Wunder des Evangeliums vom Kreuz Christi zusammenhängt. Diese Botschaft des Kreuzes ist für den natürlichen Menschen Unsinn, deshalb ist auch die Bedeutung der Ehe für ihn dummes Zeug (1. Korinther 2,14).

Zum Beispiel sagte der bekannte Atheist Richard Dawkins 2006 in einem Interview:

> *»Ich habe stichhaltige Argumente gegen einen übernatürlichen intelligenten Schöpfer angeführt. Das scheint mir ein würdiges Anliegen zu sein. Anfechtbar zwar – aber nichtsdestotrotz großartig*

und wichtig genug, um Respekt zu verdienen. In meinen Augen verdienen weder die olympischen Götter noch der herabgestiegene und gekreuzigte Jesus diese Würde. Sie erscheinen mir nur kleingeistig.«[6]

Das sind die tragischen Worte eines »natürlichen Menschen«. Diejenigen, die Christus und seine Menschwerdung, seinen Tod, seine Auferstehung und Herrschaft über das ganze Universum als »kleingeistig« erachten, können das Wunder des Evangeliums nicht sehen, das in der Ehe liegt.

Tatsächlich ist Jesus alles andere als ein Kleingeist. Er hat das Universum erschaffen (Johannes 1,3; Kolosser 1,16) und erhält die Welt »durch das Wort seiner Macht« (Hebräer 1,3). Das Universum wurde für ihn geschaffen (Kolosser 1,16) und die ganze Wirklichkeit existiert, um die Herrlichkeit Gottes im Universum abzubilden – die Herrlichkeit der Gnade, die sich am deutlichsten in Christi Tod zeigt, der Sünder zu Gott bringt (Epheser 1,6). Nur ein Blinder kann Christus und sein Erlösungswerk kleingeistig nennen.

Doch durch Gottes Gnade sieht vielleicht sogar Dawkins eines Tages die Herrlichkeit Christi, die sich im Evangelium und dessen Abbild in der Ehe zeigt. Es ist ein Wunder, dass überhaupt einer von uns die Herrlichkeit des Evangeliums erkannt hat. Gott allein hat »in unsere Herzen geleuchtet … zum Lichtglanz der Erkenntnis der Herrlichkeit Gottes im Angesicht Jesu Christi« (2. Korinther 4,6). Ich bete dafür, dass Gott Richard Dawkins die

---

6 *God vs. Science: An Interview with Francis Collins and Richard Dawkins*, TIME vom 05.08.2006, http://www.time.com/time/magazine/article/0,9171,1555132-9,00.html (abgerufen am 26.06.2019).

Herrlichkeit des Evangeliums und die Bedeutung der Ehe offenbart – und genauso Ihnen. Ich bin überzeugt, dass er das tun wird, wenn Sie sich damit beschäftigen, was Gott in seinem Wort darüber offenbart hat, und die Hilfe des Heiligen Geistes suchen. Dann wird dieser Geist Ihnen die ganze Schönheit der Herrlichkeit Christi und seines Bundes mit der Gemeinde zeigen, den er mit seinem Blut bezahlt hat und der in der Ehe gespiegelt wird.

GOTTES WERK, GOTTES EHRE

Im vorigen Kapitel haben wir zwei Punkte über die Ehe festgehalten: Das *Grundlegendste*, was wir über sie sagen können, ist, dass sie Gottes Werk ist, und das *Größte*, dass sie sein Abbild ist. In Christus hat Gott einen neuen Bund mit seinem Volk geschlossen. Jedem, der sich von seiner Sünde ab- und ihm zuwendet und Christus als Retter, Herrn und größten Schatz seines Lebens annimmt, dem wird Gott vergeben und ihn gerecht und herrlich machen. Die Ehe zwischen Mann und Frau war von Beginn an dafür geschaffen, ein Spiegel und Abbild dieser Beziehung zu sein, die auf einem mit Blut bezahlten Bund beruht. Deshalb zitiert und interpretiert Paulus 1. Mose 2,24:

> »›Deswegen wird ein Mensch den Vater und die Mutter verlassen und seiner Frau anhangen, und die zwei werden ein Fleisch sein.‹ Dieses Geheimnis ist groß; ich sage es aber in Bezug auf Christus und auf die Versammlung« (Epheser 5,31-32).

Das Verlassen der Eltern und Verbinden mit einer Frau, um eine neue Einheit als »ein Fleisch« zu bilden, sollte von Anfang an diesen Neuen Bund abbilden – Christus, der seinen Vater verlässt und die Gemeinde unter Einsatz seines Lebens zur Braut nimmt und in einer Einheit als ein Geist für immer an ihr festhalten wird.

»Ein Geist« – so beschreibt Paulus das Gegenüber zu »ein Fleisch« in 1. Korinther 6,16-17, wo er über das Problem der Prostitution spricht, nicht über die Ehe. Er argumentiert, warum unsere Einheit mit Christus die Einheit mit einer Prostituierten undenkbar macht:

> »Wisst ihr nicht, dass eure Leiber Glieder Christi sind? Soll ich denn die Glieder Christi nehmen und zu Gliedern einer Hure machen? Das sei ferne! Oder wisst ihr nicht, dass der, welcher der Hure anhängt, ein Leib mit ihr ist? ›Denn es werden‹, spricht er, ›die zwei ein Fleisch sein.‹ Wer aber dem Herrn anhängt, ist ein Geist mit ihm.«

Ich glaube nicht, dass Paulus hier meint, dass ein Mann mit jeder Prostituierten verheiratet ist, mit der er jemals Sex hatte. Jesus sagt zu der Frau, die fünf Männer gehabt hat: »Der, den du jetzt hast, ist nicht dein Mann« (Johannes 4,18). Sex allein macht also keine Ehe.

Prostitution ist die Ausbeutung der Vorrechte, die in die Ehe gehören. Damit spielt sie mit heiligen Tabus. Paulus nutzt hier die Begriffe »ein Leib« und »ein Fleisch«, um den Verrat an dem aufzuzeigen, wofür diese Worte eigentlich stehen.

Er sagt hier: Ihr entheiligt den Akt der sexuellen Vereinigung, der »ein Fleisch« und »ein Leib« in der Ehe bedeutet – etwas sehr Tiefes und Geistliches. Durch euer Tun lebt ihr diese heilige Wahrheit mit einer Prostituierten aus. Das oberflächliche Einssein ist da, aber nicht die Bedeutung des Bundes.

In Paulus' Vorstellung ist die Bundeseinheit eines Ehepaares eben dazu da, um Gott zu reflektieren und die geistliche Einheit zwischen Christus und der Gemeinde abzubilden. Deshalb sagt er: »Wer aber dem Herrn anhängt, ist ein Geist mit ihm.«

Deshalb behaupte ich, dass es in der Ehe nicht vor allem darum geht, verliebt zu bleiben, sondern einen Bund zu halten. Wenn ein Partner sich in eine andere Person verliebt, können der Partner und die Gemeinde mit Recht sagen: »Na und? Dein Verliebtsein in einen anderen ist nicht entscheidend. Entscheidend ist, dass du deinen Bund hältst.«

Lassen Sie uns an dieser Stelle etwas tiefer in diese Bundesliebe und ihre Bedeutung einsteigen.

NACKT, ABER OHNE SCHAM

Um uns auf ein festes Fundament aus Gottes Wort zu stützen, kehren wir noch einmal zu einem Schlüsselvers zurück, den wir im vorigen Kapitel übersprungen haben, nämlich 1. Mose 2,25. Nachdem es in Vers 24 heißt: »Darum wird ein Mann seinen Vater und seine Mutter verlassen und seiner Frau anhangen, und sie werden ein Fleisch sein«, sagt der Schreiber in Vers 25: »Und sie waren beide nackt, der Mensch und seine Frau, und sie schämten sich nicht.«

Was meint er damit?

Es gibt zwei mögliche Gründe für ihre Scham. Die erste Möglichkeit wäre, dass sie perfekte Körper hatten. Zur Erinnerung: Diese Aussage wird gemacht, bevor die Schöpfung der Sünde und Vergänglichkeit zum Opfer fällt. Es geht um die Körper, die Gott selbst geschaffen hat. Ihre äußere Erscheinung war also vollkommen, deshalb hatte keiner der beiden Anlass zu fürchten, dass der Partner ihn ablehnen könnte. Sie schämten sich nicht, weil es absolut nichts gab, wofür sie sich hätten schämen können.

Sicher stimmt das. Nachdem Gott den Menschen geschaffen hat, sagt er, dass seine Schöpfung »sehr gut« ist (1. Mose 1,31). Demzufolge waren der Mann und die Frau absolut schön und attraktiv. Es gab weder Fehler noch Makel. Aber ist das die Hauptaussage von 1. Mose 2,25? Das bezweifle ich, und zwar aus drei Gründen.

KEINE PERFEKTEN KÖRPER ...

Erstens: Egal, wie schön oder attraktiv Ihr Partner ist – wenn Sie selbstsüchtig oder gemein sind, können Sie den anderen mit Ihren Kommentaren immer verletzen. Um in einer Ehebeziehung frei von Scham zu sein, braucht man mehr als einen perfekten Körper; derjenige, der Sie ansieht, muss moralisch aufrichtig und freundlich sein. Anderenfalls findet er immer einen Weg, um Sie zu beschämen. Körperliche Vollkommenheit genügt also nicht, um vor Beschämung sicher zu sein.

Zweitens: 1. Mose 2,24-25 möchte eine grundlegende Weisheit über die Ehe vermitteln, die auch *nach* dem Sündenfall gilt. Das können wir daran sehen, wie Jesus mit Vers 24 umgeht. Er macht ihn zur Grundlage seiner Aussage: »Was nun Gott zusammengefügt hat, soll der Mensch nicht scheiden« (Markus 10,9). Was Gott in 1. Mose 2,24-25 offenbart, ist noch lange nach dem Sündenfall von Bedeutung. Es sieht also nicht so aus, als würde sich der Vers nur auf die Situation *vor* dem Sündenfall beziehen.

Drittens: Vers 24 (das Festhalten an der Einheit als ein Fleisch) schafft die Beziehung, in der Vers 25 (nackt und ohne Scham) möglich ist. Die Betonung liegt hier auf der Bundesverpflichtung in Vers 24: Diese zwei halten einander in einer neuen Einheit als ein Fleisch so fest, dass sie sich keine Hintertüren mehr offenlassen. Auf der Grundlage einer gegenseitigen Bundesverpflichtung bilden sie eine neuartige, dauerhafte Verbindung. Und *das* ist es, was die Voraussetzung schafft für eine Ehe, in der keiner sich schämt – nicht vollkommene Körper.

... SONDERN WEGEN DER BUNDESLIEBE

Ich kann also ohne Scham sein, weil ich perfekt bin und mich für nichts schämen könnte, *oder* aber, weil ich keine Angst habe, von meinem Partner abgelehnt zu werden, obwohl ich unvollkommen bin. Für den ersten Weg muss ich perfekt sein; der zweite Weg beruht auf einem Bund aus Gnade und Liebe. Im ersten Fall gibt es keine Scham, weil wir *fehlerlos* sind, im zweiten Fall, weil die Liebe eine Menge *Fehler zudeckt* (1. Petrus 4,8; 1. Korinther 13,7). Ich behaupte: Es geht nicht darum, körperlich vollkommen zu sein, sondern um den Bund bedingungsloser Liebe.

Vers 25 folgt auf Vers 24, weil die Beziehung, die durch den Ehebund entsteht, von Anfang an die Grundlage für schamfreie Beziehungen sein sollte. Zugegeben: Bis die Sünde und mit ihr alle Arten von körperlichen und moralischen Mängeln in die Welt kam, mussten Adam und Eva keinen Gebrauch von dieser Bundesliebe machen, die jede Sünde und jeden Fehler des anderen zudeckt. Aber schon damals hatte Gott diese Liebe im Sinn.

Die Ehe war von ihrer ersten Stunde an darauf ausgelegt, den Neuen Bund zwischen Christus und seiner Gemeinde abzubilden. Das haben wir in Epheser 5,31-32 gesehen. Dieser Neue Bund zeichnet sich dadurch aus, dass Christus über die Sünden seiner Braut hinwegsieht. Seine Braut ist frei von Scham – nicht weil sie perfekt ist, sondern weil sie nicht fürchten muss, dass ihr Liebhaber sie wegen ihrer Sünde verdammen oder beschämen würde.

Deshalb ist die Lehre von der Rechtfertigung aus Gnade durch den Glauben so wesentlich dafür, dass eine Ehe so funktioniert, wie Gott sie sich gedacht hat. Rechtfertigung schafft Frieden mit Gott, trotz unserer Sünde. Und auf der zwischenmenschlichen Ebene schafft sie Frieden ohne Scham zwischen einem unvollkommenen Mann und einer unvollkommenen Frau. Darauf möchte ich im nächsten Kapitel noch näher eingehen.

DIE UNABHÄNGIGKEITSERKLÄRUNG

Doch zuerst lassen Sie uns abschließend betrachten, was in 1. Mose 2 und 3 über Nacktheit und Scham gesagt wird. In 1. Mose 2,17 hatte Gott zu Adam gesagt:

> »Von jedem Baum des Gartens darfst du nach Belieben essen; aber vom Baum der Erkenntnis des Guten und Bösen, davon sollst du nicht essen; denn an dem Tag, da du davon isst, musst du sterben.«

Ich denke, die »Erkenntnis des Guten und Bösen« bezeichnet einen Status der Unabhängigkeit von Gott, in welchem Adam und Eva in eigener Regie (also ohne Gott) entscheiden, was gut und was böse ist. Von diesem Baum zu essen, wäre also eine Unabhängigkeitserklärung des Menschen an Gott. In 1. Mose 3,5-6 geschieht genau das:

> »›… Gott weiß, dass an dem Tag, da ihr davon esst, eure Augen aufgetan werden und ihr sein werdet wie Gott, erkennend Gutes und Böses.‹ Und die Frau sah, dass der Baum gut zur Speise und dass er eine Lust für die Augen und dass der Baum begehrenswert wäre, um Einsicht zu geben; und sie nahm von seiner Frucht und aß, und sie gab auch ihrem Mann bei ihr, und er aß.«

Das erste Ergebnis dieser Rebellion und Unabhängigkeitserklärung wird in 1. Mose 3,7 dokumentiert:

> »Da wurden ihnen beiden die Augen aufgetan, und sie erkannten, dass sie nackt waren.«

Was bedeutet das? Plötzlich werden sie sich ihrer Körper bewusst. Vor ihrer Rebellion gegen Gott gab es keine Scham. Jetzt plötzlich ist sie da. Warum? Es gibt keinen Grund anzunehmen, dass sie auf einmal hässlich geworden wären. Das will der Text überhaupt nicht sagen. Ihre Schönheit stand in 1. Mose 2,25 nicht im Mittelpunkt, genauso wenig wie jetzt in Kapitel 3,7 ihre körperlichen Mängel. Warum schämen sie sich dann? – Weil die Grundlage des Bundes zusammengebrochen ist. Mit ihr ist die wunderbare Sicherheit der Ehe für immer verschwunden, die so uneingeschränktes Vertrauen geschenkt hatte.

DIE GRUNDLAGE DER LIEBE

Die Grundlage der Liebe zwischen einem Mann und einer Frau ist der ungebrochene Bund zwischen ihnen und Gott: Gott herrscht zu ihrem Besten über sie, und sie freuen sich in dieser Sicherheit an ihm und vertrauen ihm. Indem Adam und Eva vom Baum der Erkenntnis des Guten und Bösen aßen, wurde der Bund gebrochen, und damit brach auch die Grundlage ihres Bundes als Paar zusammen.

Nun bekamen sie den Zerfall ihrer Liebe zueinander direkt zu spüren. Das wurde auf zwei Arten deutlich, die wir heute noch genauso erleben. Beide haben mit der Erfahrung von Scham zu tun. Erstens ist die Person, die meine Nacktheit sieht, nicht mehr vertrauenswürdig. Deshalb befürchte ich, beschämt zu werden. Zweitens habe ich selbst keinen Frieden mehr mit Gott und fühle mich deshalb schuldig, beschmutzt und unwürdig – ich verdiene es, beschämt zu werden.

VERLETZLICH DURCH SCHAM

Im ersten Fall bin ich mir meines Körpers bewusst und fühle mich einer möglichen Erniedrigung ausgeliefert, weil ich weiß, dass Eva sich entschieden hat, von Gott unabhängig zu sein. Sie hat sich selbst an Gottes Stelle gesetzt und ist nun gezwungenermaßen eine selbstsüchtige Person. Von diesem Tag an wird sie sich immer an die erste Stelle setzen. Sie dient nicht länger anderen. Also bietet sie keine Sicherheit mehr, und ich fühle mich in ihrer Nähe verwundbar, weil sie mich bestimmt heruntermachen wird, wenn sie sich selbst dadurch großmachen kann. Also ist meine Nacktheit plötzlich gefährlich. Ich vertraue nicht mehr darauf, dass sie mich mit der reinen, treuen Liebe liebt. Das ist eine Quelle der Scham und der Gehemmtheit.

DER GEBROCHENE BUND

Aber es gibt noch eine andere Quelle: Adam selbst – nicht nur seine Partnerin – hat den Bund mit Gott gebrochen. Ja, sie ist rebellisch und selbstsüchtig und bietet keine Sicherheit mehr – doch das gilt für mich genauso. Dazu kommt, dass ich mich selbst beschmutzt und schuldig und unwürdig fühle. Und genau das bin ich auch. Vor dem Fall war das, was *war*, und das, was *sein sollte*, dasselbe. Aber das ist nun vorbei.

Ich sollte demütig sein und mich Gott freudig unterordnen. Aber das tue ich nicht. Dieser riesige Graben zwischen dem, was ich bin, und dem, was ich sein sollte, betrifft jeden Aspekt meines Seins, einschließlich meiner Einstellung zu meinem Körper. Meine Frau kann die vertrauenswürdigste Person auf der Welt sein, aber meine eigenen Gefühle von Schuld und Unwürdigkeit führen dazu, dass ich mich verletzlich fühle. Die einfache, offene Nacktheit der Unschuld scheint unvereinbar zu sein mit der schuldigen Person, die ich bin. Ich schäme mich.

Das Gefühl der Nacktheit entspringt also zwei Quellen, die beide damit zusammenhängen, dass das Fundament unserer Beziehung zu Gott eingestürzt ist. Die erste Quelle heißt *fehlende Sicherheit*: Ich kann nicht mehr darauf vertrauen, dass Eva mich ehrt; sie ist selbstsüchtig geworden, und ich fühle mich verletzlich, weil sie mich aus eigennützigen Motiven niedermachen könnte. Die andere Quelle heißt *eigene Schuldgefühle*: Ich weiß, dass ich genauso schuldig bin, und die Nacktheit der Unschuld widerspricht meiner Unwürdigkeit.

SIE MACHTEN SICH KLEIDER

In 1. Mose 3,7 lesen wir, dass Adam und Eva versuchten, mit der neuen Situation zurechtzukommen, indem sie sich Kleider machten:

> »Da wurden ihnen beiden die Augen aufgetan, und sie erkannten, dass sie nackt waren; und sie hefteten Feigenblätter zusammen und machten sich Schurze.«

Später in 1. Mose 3,21 fertigt Gott ihnen bessere Kleider aus Tierhäuten an:

> »Und Gott der HERR machte Adam und seiner Frau Kleider aus Fell und bekleidete sie.«

Adams und Evas Feigenblätter waren nichts anderes als ein sündiger Versuch, zu verbergen, was wirklich geschehen war. Sie wollten sich vor Gott verstecken (1. Mose 3,8). Sie waren nicht mehr unschuldig, sondern Rebellen gegen Gott. Ihre Nacktheit fühlte sich jetzt zu enthüllend und verletzlich an; also versuchten sie, die Kluft zu schließen zwischen dem, was sie waren, und dem, was sie sein sollten, indem sie die Realität zudeckten und sich anders präsentierten. Das war der Ursprung der Heuchelei. Es war das erste Täuschungsmanöver – und total erfolglos.

GOTT MACHT IHNEN KLEIDER

Wieso macht Gott ihnen dann Kleidung aus Tierhäuten? Bestätigt er damit ihre Heuchelei und unterstützt ihre Täuschung? Vor dem Sündenfall waren sie nackt und schamfrei, nun legten sie Kleidung an, um ihre Scham nach dem Fall zu verbergen – was bedeutet es dann, dass Gott ihnen Kleider gibt, die noch besser sind als die, die sie selbst herstellen konnten? – Ich denke, er sendet mit dieser Handlung zwei Botschaften, eine negative und eine positive.

Die negative Botschaft lautet: Ihr seid nicht mehr das, was ihr wart und was ihr sein sollt. Die Kluft ist riesig. Euch mit Kleidung zu umhüllen, ist eine richtige Reaktion darauf – aber nicht um zu *verbergen*, sondern um zu *bekennen*. Von nun an sollt ihr Kleidung tragen, um zu bekennen, dass ihr nicht die seid, die ihr sein solltet.

Eine praktische Folgerung daraus ist, dass die öffentliche Nacktheit heute keine Rückkehr zur *Unschuld*, sondern zur *Rebellion* gegen die moralische Wirklichkeit ist. Gott verordnet Kleidung, um auf die Herrlichkeit zu verweisen, die wir verloren haben; und wer sie auszieht, setzt die Rebellion gegen ihn fort.[7]

Manche rebellieren auch in die andere Richtung und nutzen ihre Kleider, um Macht, Ansehen und Aufmerksamkeit zu erlangen. Ihnen trägt Gott nicht die Rückkehr zur Nacktheit, sondern zur Schlichtheit auf (1. Timotheus 2,3-10; 1. Petrus 3,3-5). Kleider haben nicht den Sinn, Menschen darüber nachdenken zu lassen, was wohl darunter ist. Kleidung soll die Aufmerksamkeit auf das lenken, was offen liegt: barmherzige Hände, die anderen im Namen Christi helfen, liebliche Füße, die das Evangelium dorthin

---

7 Auf die Frage nach Kulturen, in denen Nacktheit normal ist, würde ich zwei Dinge antworten. *Erstens* ist die Messlatte für das, was als anständig oder unzüchtig angesehen wird, von Kultur zu Kultur verschieden. *Zweitens* kommt totale Nacktheit als Norm unter allen Kulturen der Welt nur sehr selten vor. Angesichts dessen, was in 1. Mose 3 passierte, bin ich der Meinung, dass dieser Status der »Normalität« in diesen wenigen Kulturen kein Zeichen der Unschuld oder göttlicher Anerkennung ist, sondern ein Zeichen der Unordnung. Wenn diese Kulturen größere Erkenntnis von Gott und seinem Wort erlangen, wird das, was sich vorher normal anfühlte, sich nicht mehr normal anfühlen, und ich denke nicht, dass der Grund dafür ist, dass ihnen westliche Sitten aufgedrängt werden.

tragen, wo es gebraucht wird (vgl. Römer 10,15), und das Strahlen eines Gesichts, das die Herrlichkeit Jesu gesehen hat.

DIE BEDEUTUNG VON KLEIDUNG

Schon sind wir mitten in der positiveren Bedeutung der Kleidung, die Gott im Sinn hatte, als er Adam und Eva mit Tierhäuten bekleidete. Es ging nicht nur darum, die verlorene Herrlichkeit zu bezeugen und zu bekennen, dass wir nicht sind, was wir sein sollten. Mit seiner Handlung garantiert Gott auch, dass er selbst uns eines Tages wieder zu dem machen wird, was wir sein sollen. Gott lehnt das eigenmächtige Bekleiden von Adam und Eva ab und macht ihnen selbst Kleider. Durch diese bessere Kleidung zeigt er ihnen, was *Gnade* ist.

Zusammen mit anderen Hoffnungszeichen in der Urgeschichte (wie dem Sieg über die Schlange in 1. Mose 3,15) weist dieser Gnadenerweis Gottes auf den Tag hin, an dem er das Problem unserer Scham endgültig lösen wird, indem er das Blut seines eigenen Sohnes vergießt. Offensichtlich wurde ja auch Blut vergossen durch das Töten der Tiere, deren Haut verwendet wurde. Damit wir seine Herrlichkeit widerspiegeln, wird er uns die Kleider der Gerechtigkeit anlegen (Galater 3,27; Philipper 3,21).

Das bedeutet: Unsere Kleider sind nicht nur Zeugen für unser vergangenes und gegenwärtiges Versagen, sondern auch für unsere zukünftige Herrlichkeit. Sie zeigen die Kluft zwischen Ist- und Sollzustand, und sie sagen etwas aus über Gottes gnädige Absicht, diese Kluft durch Jesus Christus und seinen Tod für unsere Sünden zu überbrücken. Er wird das Problem von Furcht, Stolz,

Selbstsucht und Scham zwischen Mann und Frau durch seinen Neuen Bund lösen, den er mit Blut besiegeln wird.

Wie wunderbar, dass Gott gerade im Zusammenbruch des Bundes (zwischen Gott und Mensch und zwischen Adam und Eva) die Erlösung andeutet, die durch die Ehe symbolisiert werden soll! Gottes Plan mit der Ehe, seine bundestreue Gnade abzubilden, war kein nachträglicher Einfall. Gott musste die Ehe nach dem Fall nicht neu entwerfen. Er wusste, was er in 1. Mose 2,24 geschaffen hatte. Und er wusste, was in 1. Mose 3 geschehen würde. Die Beschaffenheit der Ehe, ihr Fall und die angedeutete Erlösung der Ehe dienen alle einem Ziel: Sie zeigen uns die Liebe Christi und die Treue seiner Braut.

Im nächsten Kapitel wenden wir uns der Frage zu: Wie verkörpern Verheiratete dieses Evangelium des Neuen Bundes, in dem die Rechtfertigung allein aus Gnade geschieht? Wie entsteht wieder so ein sicherer und geheiligter Raum, in dem beide wieder nackt sein können, ohne sich zu schämen?

»Allein durch Jesus Christus und die ›fremde Gerechtigkeit‹ ist ihre Gemeinschaft begründet. Wir dürfen nun also sagen: Aus der biblischen und reformatorischen Botschaft von der Rechtfertigung des Menschen aus Gnaden allein entspringt die Gemeinschaft der Christen, in ihr allein liegt das Verlangen der Christen nacheinander begründet.«

Dietrich Bonhoeffer,
Gemeinsames Leben, S. 20.

»Mit einem Worte: Lebt miteinander in der Vergebung eurer Sünden, ohne die keine menschliche Gemeinschaft, erst recht keine Ehe bestehen kann.«

Dietrich Bonhoeffer,
Widerstand und Ergebung, S. 39.

KAPITEL 3

FENSTER DER GNADE

»Und euch, als ihr tot wart in den Vergehungen und der Vorhaut eures Fleisches, hat er mitlebendig gemacht mit ihm, indem er uns alle Vergehungen vergeben hat; als er ausgetilgt hat die uns entgegen stehende Handschrift in Satzungen, die gegen uns war, hat er sie auch aus der Mitte weggenommen, indem er sie an das Kreuz nagelte; als er die Fürstentümer und die Gewalten ausgezogen hatte, stellte er sie öffentlich zur Schau, indem er durch dasselbe über sie einen Triumph hielt.«

KOLOSSER 2,13-15

In den letzten beiden Kapiteln haben wir gesehen: Grundlegend für die Ehe ist, dass sie ein Werk Gottes ist, und ihr höchstes Ziel ist es, Gott abzubilden. Diese beiden Punkte betont Mose in 1. Mose 2. Im Neuen Testament führen Jesus und Paulus dies weiter aus.

JESUS: DIE EHE IST GOTTES WERK

Jesus betont sehr deutlich, dass die Ehe ein *Werk Gottes* ist. In Markus 10,6-9 sagt er:

> »Von Anfang der Schöpfung an aber machte Gott sie als Mann und Frau. ›Deswegen wird ein Mann seinen Vater und seine Mutter verlassen und seiner Frau anhangen, und die zwei werden ein Fleisch sein‹; also sind sie nicht mehr zwei, sondern ein Fleisch. Was nun Gott zusammengefügt hat, soll der Mensch nicht scheiden.«

Das ist der eindeutigste Beleg in der Bibel dafür, dass die Ehe nicht allein eine Handlung von *Menschen* ist. »Gott [hat] zusammengefügt«, das heißt: Gott handelt.

PAULUS: DIE EHE IST EIN ABBILD GOTTES

Ebenso deutlich betont Paulus, dass die Ehe geschaffen wurde, damit sie ein Abbild Gottes ist, wie wir schon in Epheser 5,31-32 gesehen hatten:

> »›Deswegen wird ein Mensch den Vater und die Mutter verlassen und seiner Frau anhangen, und die zwei werden ein Fleisch sein.‹ Dieses Geheimnis ist groß; ich sage es aber in Bezug auf Christus und auf die Versammlung.«

EIN MODELL VON CHRISTUS UND DER GEMEINDE

Als ich meine Frau Noël fragte, was ihrer Meinung nach in meinen Predigten über dieses Thema unbedingt vorkommen sollte, antwortete sie: »Du kannst nicht oft genug sagen, dass die Ehe ein Modell von Christus und der Gemeinde ist.« Ich denke, sie hat recht, und zwar aus mindestens drei Gründen:

1. Es hebt die Ehe heraus aus dem schäbigen Niveau, mit dem sie in Seifenopern und Fernsehkomödien dargestellt wird, und verleiht ihr die großartige Bedeutung, die Gott ihr zugedacht hat.
2. Damit erhält die Ehe ein stabiles Fundament: die Gnade, mit der Christus seine Braut erobert hat und erhält.
3. Damit sind das Hauptsein des Mannes und die Unterordnung der Frau zwar unverzichtbar, aber gleichzeitig mit Christus gekreuzigt worden, das heißt sie werden bestimmt durch das Werk Christi am Kreuz, sodass Stolz (des Hauptes) und sklavische Unterwürfigkeit (der Untergeordneten) damit ausgeschlossen sind.

Mit dem ersten Grund haben wir uns in den ersten Kapiteln beschäftigt. Die Ehe ist ein Bund zwischen einem Mann und einer Frau, in dem sie versprechen, ihrem Partner in einer neuen Einheit als ein Fleisch treu zu sein, solange sie beide leben. Dieser feierlich besiegelte Bund soll Gottes treue Bundesgnade präsentieren wie in einem Schaufenster.

EIN FESTES FUNDAMENT: GNADE

Kommen wir nun aber zum zweiten Grund für Noëls Aussage, warum man nicht oft genug erwähnen kann, dass die Ehe ein Modell von Christus und der Gemeinde ist: Es verankert die Ehe in der

Gnade, denn Christus gewann und erhält seine Braut allein durch Gnade.

Christi neuer Bund mit seiner Gemeinde wird durch seine Gnade erschaffen und erhalten. Deshalb sollen menschliche Ehen Fenster dieser Gnade sein. Das wird möglich, wenn die Ehepartner in der vertikalen (senkrechten) Erfahrung von Gottes Gnade ruhen und diese Geschenke Gottes in die horizontale (waagerechte) Beziehung mit ihrem Partner übertragen. Ich drücke es noch einmal anders aus: In einer Ehe lebt man Stunde um Stunde in der glücklichen Abhängigkeit von Gottes Vergebung, seiner Rechtfertigung und auch zukünftigen Gnade, die man dann an seinen Partner weitergibt.

GNADE IST ZENTRAL

Mir ist bewusst, dass dies für *alle* Christen in *allen* Beziehungen gilt, nicht nur in der Ehe. Jeder von uns, ob verheiratet oder Single, soll jede Stunde seines Lebens aus der vergebenden, rechtfertigenden, völlig genügenden Gnade Gottes leben und das dann in alle anderen Beziehungen in seinem Leben hineintragen. Jesus sagt, dass unser ganzes Leben ein Schaufenster für Gottes Ehre ist, nicht nur die Ehe: »Ebenso lasst euer Licht leuchten vor den Menschen, damit sie eure guten Werke sehen und euren Vater, der in den Himmeln ist, verherrlichen« (Matthäus 5,16). Paulus betont das Gleiche: »Ob ihr nun esst oder trinkt oder irgendetwas tut, tut alles zur Ehre Gottes« (1. Korinther 10,31). Unser *gesamtes Leben*, nicht nur die Ehe, soll Gottes Herrlichkeit zeigen, und dazu gehört auch seine völlig genügende Gnade.

Aber die Ehe wurde erschaffen, um ein besonderes Abbild von Gottes Gnadenbund zu sein. Anders als in allen anderen menschlichen Beziehungen sind Ehepartner durch diesen Bund in der engstmöglichen Beziehung ein Leben lang aneinander gebunden. Die Rollen von Hauptsein und Unterordnung sind einzigartig (vgl. Kapitel 6-8 dieses Buches), aber hier soll es zunächst nur um Mann und Frau als *Christen* gehen. Bevor ein Mann und eine Frau diese besonderen Rollen auf biblische und gute Weise leben können, müssen sie erleben, was es heißt, sein Leben auf die vertikale Erfahrung von Gottes Vergebung, Rechtfertigung und verheißener Hilfe zu bauen, um dann auch so mit ihrem Partner umgehen zu können. Darum soll es in diesem Kapitel gehen.

Um es noch einmal mit den Begriffen des vorherigen Kapitels zu sagen: Gottes Vergebung erlebt zu haben und diese Gnade dann auch dem Partner zukommen zu lassen (und damit für die Welt sichtbar zu machen), macht es wirklich möglich, nackt zu sein und sich nicht zu schämen (1. Mose 2,25) – obwohl ein Mann und seine Frau natürlich viele Dinge tun, derer sie sich schämen sollten.

SPIELT DER ZORN GOTTES IN DER EHE EINE ROLLE?

Lassen Sie uns zuerst kurz die Grundlage dafür im Kolosserbrief ansehen. Wir beginnen mit Kolosser 3,5-6:

> »Tötet nun eure Glieder, die auf der Erde sind: … um derentwillen der Zorn Gottes über die Söhne des Ungehorsams kommt.«

Vielleicht sagen Sie jetzt: »Das Letzte, worüber ich in meiner chaotischen Ehe etwas hören möchte, ist der Zorn Gottes.« Doch damit könnten Sie dem frustrierten Fischer an der Westküste Indonesiens gleichen, der am 26. Dezember 2004 sagte: »Das Letzte, worüber ich in meinem schwierigen Fischerhandwerk etwas hören möchte, ist ein Tsunami.«

Tiefes Verständnis von Gottes Zorn und Ehrfurcht davor ist genau das, was eine Ehe braucht. Ohne sie wird das Evangelium reduziert auf bloße menschliche Möglichkeiten und verliert seine Herrlichkeit, von der die Bibel spricht. Ohne die biblische Sicht auf Gottes Zorn könnten Sie versucht sein zu denken, dass Ihr Zorn auf Ihren Partner einfach zu groß ist, um überwunden zu werden – denn dann haben Sie noch nie erlebt, wie ein unendlich viel größerer Zorn durch Gnade überwunden wird: nämlich Gottes Zorn gegen Sie.

Beginnen wir also mit dem Zorn Gottes und dem Mittel zu seiner Beseitigung. In Kolosser 2,13-14 beschreibt Paulus eines der wundervollsten Dinge, die man sich überhaupt vorstellen kann:

> »Und euch, als ihr tot wart in den Vergehungen und der Vorhaut eures Fleisches, hat er mitlebendig gemacht mit ihm, indem er uns alle Vergehungen vergeben hat; als er ausgetilgt hat die uns entgegen stehende Handschrift in Satzungen, die gegen uns war, hat er sie auch aus der Mitte weggenommen, indem er sie an das Kreuz nagelte ...«

Diese letzten Worte sind die wichtigsten: »... indem er sie ans Kreuz nagelte«, nämlich die »uns entgegen stehende Handschrift«, den Schuldschein. Wann geschah das? Vor zweitausend Jahren. Es passierte weder durch uns noch mit unserer Hilfe. Gott hat es *für* uns und *ohne* uns getan, noch bevor wir überhaupt geboren wurden. Das ist die großartige objektive Seite unserer Erlösung.

Lassen Sie dieses Wunder einmal auf sich wirken: Gott nahm unseren Schuldschein, auf dem alle unsere Sünden verzeichnet sind und der uns zu Schuldnern seines Zornes machte (Sünden sind Vergehen gegen Gott, die uns seinen Zorn einbringen). Doch anstatt ihn uns vor die Nase zu halten und als Erlaubnis zu benutzen, uns an die Hölle zu verkaufen, legte er ihn in die Hand seines Sohnes und nagelte ihn ans Kreuz. Das ist eine sehr eindrückliche und anschauliche Aussage: Er erklärte unseren Schuldschein für nicht mehr gültig, indem er ihn ans Kreuz schlug (Kolosser 2,14).

Wessen Sünden wurden ans Kreuz genagelt? Meine. Und Noëls. Und die Sünden aller, die an ihrer eigenen Rettung verzweifeln und nun allein auf Christus vertrauen. Wessen Hände wurden ans Kreuz genagelt? Jesu Hände. Es gibt einen wunderbaren Begriff dafür: Stellvertretung. Gott verdammt meine Sünde in Jesus. »Denn das dem Gesetz Unmögliche, weil es durch das Fleisch kraftlos war, tat Gott, indem er, seinen eigenen Sohn in Gleichgestalt des Fleisches der Sünde und für die Sünde sendend, die Sünde im Fleisch verurteilte« (Römer 8,3).

Daran können wir als Ehepartner niemals fest genug glauben. Wir *müssen* es glauben, um den Sinn der Ehe erfüllen zu können.

RECHTFERTIGUNG IST MEHR ALS VERGEBUNG

Wenn wir im Neuen Testament weiterforschen und beispielsweise das Verständnis der Rechtfertigung aus dem Römerbrief einbeziehen, können wir mehr darüber sagen. Rechtfertigung ist mehr als Vergebung. Uns ist wegen Christus nicht nur vergeben, sondern Gott erklärt uns wegen Christus gerecht. Gott verlangt zwei Dinge von uns: Strafe für unsere Sünden und Vollkommenheit in unserem Leben. Entweder müssen unsere Sünden bestraft werden oder unser Leben muss gerecht sein. Aber wir können weder unsere Strafe tragen (Psalm 49,8-9) noch unsere eigene Gerechtigkeit anbieten, denn da »ist kein Gerechter, auch nicht einer« (Römer 3,10).

Doch weil Gott uns unendlich liebt, ließ er für beides seinen eigenen Sohn in die Bresche springen. Christus trägt unsere Strafe und vollzieht unsere Gerechtigkeit. Und wenn wir ihn aufnehmen (Johannes 1,12), wird uns seine ganze Bestrafung und Gerechtigkeit zugerechnet.[8]

RECHTFERTIGUNG AUCH FÜR ANDERE

Das ist die Realität in der Beziehung zu Gott, die wir in die Beziehung zu unserem Partner einbringen müssen, wenn unsere Ehe die Gnade Gottes abbilden soll, die den Bund eingeht und dann auch hält. Das sehen wir in Kolosser 3,12-13:

> »Zieht nun an, als Auserwählte Gottes, als Heilige und Geliebte: herzliches Erbarmen, Güte, Demut, Sanftmut, Langmut, einander ertragend und euch gegenseitig vergebend, wenn einer Klage hat gegen den anderen; wie auch der Christus euch vergeben hat, so auch ihr.«

»Wie der Christus euch vergeben hat, so auch ihr«, und zwar unserem Partner. So wie der Herr uns erträgt, so auch wir unseren

---

8 Römer 4,4-6; 5,1.19; 8,1; 10,4; 2. Korinther 5,21; Philipper 3,8-9.

Partner. Der Herr erträgt uns jeden Tag, wenn wir seinem Willen nicht gerecht werden. Die Distanz zwischen dem, was *Christus* von uns erwartet, und dem, was wir erreichen, ist unendlich viel größer als die Distanz zwischen dem, was wir von *unserem Partner* erwarten, und dem, was er oder sie schafft. Christus vergibt und erträgt immer mehr als wir. Vergebt, wie euch vergeben wurde. Seid nachsichtig, wie ihr nachsichtig behandelt werdet. Das gilt, egal, ob Sie mit einem Christen oder Nichtchristen verheiratet sind. Lassen Sie das Maß der Gnade Gottes, das er Ihnen am Kreuz gezeigt hat, auch Ihrem Partner zukommen.

Und wenn Sie mit einem Christen verheiratet sind, können Sie noch hinzufügen: Wie der Herr Sie in Christus für gerecht ansieht, obwohl Sie weder in Ihrem Verhalten noch in Ihrer Einstellung völlig gerecht sind, so sollen Sie auch Ihren Partner als gerecht in Christus ansehen, obwohl er oder sie nicht gerecht ist. Kolosser 3,12-13 sagt: Nimm die Gnade der Vergebung und Rechtfertigung Gottes und wende sie auf die Beziehung zu deinem Partner an. Die Ehe ist darauf ausgelegt, sie ist ein einzigartiger Nährboden dafür, die Gnade Gottes zu leben. Dafür ist die Ehe letztendlich da – als Abbild der treuen Gnade Christi.

LEBEN AUS DER GNADE GOTTES

Es gibt natürlich Hunderte von komplexen Situationen, die nach geistlicher Weisheit schreien, die verwurzelt ist im Evangelium und langen Jahren schmerzhafter und vertrauensvoller Erfahrung. Es ist unmöglich, das Evangelium in einem Kapitel oder einem Buch auf die speziellen Bedürfnisse jedes Lesers anzuwenden. Neben der biblischen Wahrheit brauchen wir also den Heiligen

Geist, Gebet, die Beschäftigung mit der Bibel und den Erkenntnissen anderer (Bücher) wie auch den Rat weiser Freunde, die mit Leid vertraut sind. Und wir brauchen eine Gemeinde, die uns unterstützt, wenn alles zerbricht. Deshalb bilde ich mir nicht ein, hier alles Nötige sagen zu können, um Ihnen zu helfen.

Aber was Ihnen auf jeden Fall weiterhelfen wird, ist, den Partner mit der Vergebung und Liebe des Bundes zu lieben und ihn als gerecht anzusehen, auch wenn er oder sie das nicht ist.

Warum lege ich den Schwerpunkt auf den negativen Aspekt, dass unser Partner ein Sünder ist, der Vergebung braucht? Glaube ich nicht, dass Sie sich an Ihrem Partner freuen sollten? Doch, das tue ich. Aber sowohl die Erfahrung als auch die Bibel drängen mich dazu.

Natürlich ist Jesus mit seiner Braut verheiratet, der Gemeinde, und gewiss ist es möglich und gut, dem Herrn zu gefallen (Kolosser 1,10). Das heißt, Christus findet Gefallen an seiner Braut und ist es unendlich wert, dass wir Gefallen an ihm finden. Das ist das Ideal, das wir in einer Ehe anstreben sollten: zwei Menschen, die sich in Demut danach sehnen, nach Gottes Willen so verändert zu werden, dass sie ihren Partnern Freude machen und ihre physischen und emotionalen Bedürfnisse erfüllen. Aber es gibt ein paar Gründe, warum ich das Leben aus der vertikalen Gnade Gottes und die horizontale Weitergabe dieser Vergebung und Rechtfertigung an Ihren Partner so betone:

1. Weil Konflikte entstehen werden, und zwar wegen Sünde und Eigenheiten (und Sie werden nicht immer eindeutig ausmachen können, was am anderen einfach Eigenheiten sind und was Sünde ist).

2. Weil die harte, aufreibende Arbeit des Ertragens und Vergebens es ermöglicht, dass Zuneigung wieder wächst, wenn sie schon gestorben zu sein scheint.
3. Weil Gott geehrt wird, wenn zwei sehr unterschiedliche und unvollkommene Menschen auch unter größten Belastungen um ein Leben in Treue ringen, indem sie auf Christus vertrauen.

Das will ich im nächsten Kapitel aufgreifen und Ihnen von einer Entdeckung berichten, die Noël und ich gemacht haben. Wir nennen sie den »Komposthaufen«. Doch vorerst bitte ich Sie, liebe Ehepartner: Prägen Sie sich diese großen Wahrheiten ein, die größer sind als jedes Problem in Ihrer Ehe: Gott hat unseren Schuldschein für ungültig erklärt und ihn ans Kreuz genagelt (Kolosser 2,13-14)! Glauben Sie das von ganzem Herzen und gehen Sie genauso mit Ihrem Partner um.

»Gott schenkt euch Christus als den Grund eurer Ehe. ›Nehmet euch untereinander auf, gleichwie euch Christus aufgenommen hat, zu Gottes Lobe‹ (Römer 15,7). ... Seid nicht rechthaberisch gegeneinander, urteilt und richtet nicht übereinander, erhebt euch nicht übereinander, schiebt nie einander die Schuld zu, sondern nehmt euch auf, wie ihr seid, und vergebt einander täglich und von Herzen.«

Dietrich Bonhoeffer,
Widerstand und Ergebung, S. 39.

KAPITEL 4

ERTRAGEN UND VERGEBEN

»Zieht nun an, als Auserwählte Gottes, als Heilige und Geliebte: herzliches Erbarmen, Güte, Demut, Sanftmut, Langmut, einander ertragend und euch gegenseitig vergebend, wenn einer Klage hat gegen den anderen; wie auch der Christus euch vergeben hat, so auch ihr. Zu diesem allen aber zieht die Liebe an, die das Band der Vollkommenheit ist. Und der Friede des Christus regiere in euren Herzen, zu dem ihr auch berufen worden seid in einem Leib; und seid dankbar. Lasst das Wort des Christus reichlich in euch wohnen, indem ihr in aller Weisheit euch gegenseitig lehrt und ermahnt mit Psalmen, Lobliedern und geistlichen Liedern, Gott singend in euren Herzen in Gnade. Und alles, was immer ihr tut, im Wort oder im Werk, alles tut im Namen des Herrn Jesus, danksagend Gott, dem Vater, durch ihn.

Ihr Frauen, ordnet euch euren Männern unter, wie es sich geziemt im Herrn. Ihr Männer, liebt eure Frauen und seid nicht bitter gegen sie.«

KOLOSSER 3,12-19

Erinnern Sie sich an die drei Gründe für den Satz meiner Frau: »Du kannst nicht oft genug sagen, dass die Ehe ein Modell von Christus und der Gemeinde ist« (vgl. Epheser 5,31-32)? Einer der Gründe war, dass eine Ehe dadurch aus dem Seifenopern-Niveau herausgeholt und in die strahlende, klare Atmosphäre von Gottes Herrlichkeit erhoben wird, wo ihr eigentlicher Bestimmungsort ist. Ein anderer war, dass die Ehe dadurch fest auf das Fundament der Gnade gestellt wird. Durch Gnade nahm Christus die Gemeinde zur Braut, und durch Gnade erhält er sie. Jede Ehe, die ein Modell dessen ist, wird voller Gnade sein. Die Gnade wird ihr Fundament und ihre Krone sein. Und drittens sollten wir es oft betonen, weil das unser Verständnis der Rollen von Oberhaupt und Unterordnung grundlegend prägen wird. Dazu kommen wir in den Kapiteln 6-8.

DIE MENSCHLICHE EHE WIRD VERGEHEN

In den ersten beiden Kapiteln dieses Buches habe ich den ersten der drei Gründe ausgeführt. Die Ehe ist *Werk* Gottes und *Abbild* Gottes, besonders seiner Gnade. Sie ist von Gott und durch ihn und für ihn – das ist die helle, klare Atmosphäre von Gottes Herrlichkeit, und dort ist der Platz der Ehe.

In diesem Zusammenhang ist es auch hilfreich, sich in Erinnerung zu rufen, dass die menschliche Ehe vergänglich ist. Sicher, sie deutet auf etwas Ewiges hin, nämlich Christus und die Gemeinde. Aber wenn dieses Zeitalter vorüber ist, wird sie in der größeren Wirklichkeit aufgehen, auf die sie jetzt hindeutet.

Jesus sagt in Matthäus 22,30: »Denn in der Auferstehung heiraten sie nicht noch werden sie verheiratet, sondern sie sind wie Engel Gottes im Himmel.« Deshalb wird mein Vater, Bill Piper, nach der Auferstehung keine Doppelehe führen. Meine Mutter und meine Stiefmutter sind beide gestorben. Mein Vater war 36 Jahre lang mit meiner Mutter verheiratet und nach ihrem Tod 25 Jahre lang mit meiner Stiefmutter. Aber nach der Auferstehung macht die Vorschattung der Wirklichkeit Platz. Mein Vater wird im Himmel nicht verheiratet sein, weder mit meiner Mutter noch mit meiner Stiefmutter. Die Ehe ist ein Hinweis auf die Herrlichkeit Christi und der Gemeinde. Nach der Auferstehung weicht das Hinweisschild der *Vollkommenheit*.

DIE GNADE GOTTES FÜR UNSERE MITMENSCHEN

In Kapitel 3 habe ich betont, dass die Ehe auf Gnade beruht: Wir erfahren die Gnade Christi durch seinen Tod am Kreuz und geben sie an unseren Ehepartner weiter. Kolosser 2,14 sagt uns, dass Gott die Voraussetzung für die Vergebung unserer Sünden schuf. Den Schuldschein, der aufgrund unserer Schuld gegen uns sprach, hat Gott für ungültig erklärt, indem er ihn ans Kreuz nagelte – hier sind es natürlich nicht die Nägel und das Holz, die die Sünde wegnehmen, sondern die durchbohrten Hände und Füße des Sohnes Gottes (vgl. Jesaja 53,5-6).

Nachdem er uns mit Gottes Vergebung im Kreuz die Grundlage gezeigt hat, sagt Paulus weiter in Kolosser 3,13:

> »... einander ertragend und euch gegenseitig vergebend, wenn einer Klage hat gegen den anderen; wie auch der Christus euch vergeben hat, so auch ihr.«

Nehmen Sie also die Vergebung und Rechtfertigung, die Sie durch den Tod Christi empfangen haben, und lassen Sie sie anderen zugutekommen. Ganz besonders Ihrem Ehepartner.

WARUM DIE BETONUNG AUF VERGEBUNG?

Ich habe diese Frage schon einmal am Ende von Kapitel 3 gestellt: Warum betone ich das Ertragen und Vergeben so sehr, statt etwa Romantik und die Freude aneinander? Ich habe drei Antworten darauf gegeben:

1. Weil es zu Konflikten kommen wird, die auf Sünde beruhen, und manchmal ist man sich nicht einmal einig, was vergebungswürdige Sünde und was nachzusehende Eigenart ist.
2. Weil die harte, aufreibende Arbeit des Ertragens und Vergebens wieder Gefühle wachsen lässt, die scheinbar schon gestorben waren.
3. Weil Gott geehrt wird, wenn zwei total unterschiedliche und sehr unvollkommene Menschen auch unter größten Belastungen ein Leben der Treue führen, indem sie auf Christus vertrauen.

UM IHNEN DIE TRENNUNG ZU ERSPAREN

In diesem Kapitel möchte ich gründlicher auf die Themen Ertragen und Vergeben eingehen. Vorher möchte ich kurz klarstellen, dass ich mir bewusst bin – schmerzhaft bewusst –, dass es Sünden gibt, die Partner aneinander begehen, bei denen man sich durch Ertragen und Vergeben mitschuldig macht und bei denen eine erlösende Trennung sogar notwendig sein kann. Ich sage bewusst »erlösende Trennung« und denke dabei etwa an Körperverletzung, Ehebruch, Kindesmissbrauch, Wutanfälle im Alkoholrausch, Spielsucht, Diebstahl oder Lüge, durch die eine Familie in den Ruin geführt wird.

Aber in diesem Kapitel rede ich *nicht* über diese Dinge – das kommt später, wenn wir uns mit dem Thema der Trennung, Scheidung und Wiederheirat beschäftigen. Hier versuche ich, ein biblisches Muster des Ertragens und Vergebens zu beschreiben, das Sie davon abhalten kann, überhaupt an den Punkt der Scheidung zu geraten, möglicherweise sogar einige von Ihnen vom Rande des Abgrunds zurückholen kann und vielleicht sogar einige Ehen, die die Welt »geschieden« nennt, wiederherstellen kann. Und ich wünsche mir, dass dadurch auch Samen in Singles gesät werden, die eines Tages heiraten und dann ihre Ehe auf diesen Felsen der Gnade bauen.

DIE GRUNDLAGE: DIE PERSON UND DAS WERK CHRISTI

Als Paulus zu Kolosser 3,12 kommt, hat er durch die Beschreibung der Person Jesu und seines Werkes am Kreuz bereits ein stabiles Fundament gelegt. Das ist die Grundlage der Ehe und unseres ganzen Lebens. Die Hauptkämpfe im Leben und in der Ehe drehen sich darum, an diese Person und dieses Werk zu glauben. Ich meine, es wirklich zu glauben – darauf zu vertrauen, sich darauf einzulassen, es in Ehren zu halten, es mit jedem Atemzug aufzunehmen und unser Leben danach auszurichten. In Kolosser 3,12 ermutigt Paulus uns mit Worten, die förmlich explodieren vor Emotionen angesichts einer Wirklichkeit, die auf Christus und sein Erlösungswerk gründet.

Zuerst beschreibt Paulus Sie, den oder die Gläubige, damit seine Ermutigungen Sie erreichen: »Zieht nun an, als Auserwählte Gottes, als Heilige und Geliebte …« Er wird uns gleich sagen, welches

Herz und welche Einstellung wir haben sollten, die wir anziehen sollen wie ein Kleidungsstück. Aber zuerst nennt er uns »Auserwählte«, »Heilige« und »Geliebte«.

AUSERWÄHLTE

Wir sind Gottes »Auserwählte«. Vor Grundlegung der Welt hat Gott uns in Christus auserwählt. Aus Paulus' Worten in Römer 8,33 können wir hören, wie wertvoll ihm das ist: »Wer wird gegen Gottes Auserwählte Anklage erheben? Gott ist es, der rechtfertigt.« Absolut niemand kann mit einer Anklage gegen Gottes Auserwählte durchkommen. Paulus möchte, dass wir das Wunder spüren, mit unerschütterlicher Liebe auserwählt zu sein. Wenn Sie sich gegen Auserwählung sträuben, sträuben Sie sich auch gegen die Fülle und Anmut der Liebe Gottes.

HEILIGE

Dann nennt er uns »Heilige« – das heißt: für Gott Ausgesonderte. Er hat uns zu einem bestimmten Ziel auserwählt: Wir sollen sein heiliges Volk sein. Wir sollen aus der Welt heraustreten und nicht länger unrein wie alle anderen sein.

> »... wie er uns auserwählt hat in ihm vor Grundlegung der Welt, dass wir heilig und untadelig seien vor ihm in Liebe« (Epheser 1,4).

> »Ihr aber seid ein auserwähltes Geschlecht, eine königliche Priesterschaft, eine heilige Nation, ein Volk zum Besitztum, da-

mit ihr die Tugenden dessen verkündigt, der euch berufen hat aus der Finsternis zu seinem wunderbaren Licht« (1. Petrus 2,9).

Hier geht es zunächst um eine *Position* und eine Bestimmung, bevor das Heiligsein zu einer Gewohnheit oder einem *Verhalten* wird. Deshalb sagt Paulus, wir sollen dieses Verhalten »anziehen«. Er weiß, dass wir praktisch gesehen jetzt noch nicht heilig sind. Er fordert uns auf, in unserem Leben heilig zu *werden*, weil wir in Christus heilig *sind*. Ziehen Sie sich so an, dass es zu Ihrem Wesen passt. Tragen Sie Heiligkeit.

GELIEBTE

Schließlich nennt Paulus uns »Geliebte«. »Auserwählte Gottes, Heilige und Geliebte.« Wenn Sie an Christus glauben, hat Gott, der Schöpfer des Universums, Sie auserwählt, für sich ausgesondert und liebt Sie. Er ist *für* Sie und nicht *gegen* Sie. »Gott aber erweist seine Liebe zu uns darin, dass Christus, da wir noch Sünder waren, für uns gestorben ist« (Römer 5,8).

DREI WUNDER

Das ist der Beginn des gegenseitigen Ertragens und Vergebens unter Ehepartnern. Sie sind davon überwältigt, dass sie von Gott auserwählt, geheiligt und geliebt sind. Geben Sie sich ganz diesem Wunder hin, und schmecken und sehen Sie es! Ziehen Sie Ihre Lebenskraft daraus, gründen Sie Ihre Freude darauf, beziehen Sie Ihre Hoffnung daraus. Bitten Sie den Herrn inständig, dass dies der Herzschlag Ihres Lebens und Ihrer Ehe wird.

Auf dieser Basis – der grundlegenden, neuen, gottzentrierten Identität als Auserwählte, Heilige und Geliebte – wird uns nun gesagt, *was* wir »anziehen« sollen. Uns wird also gesagt, welche Einstellungen und welches Verhalten dazu passen und sich daraus ergeben, dass wir durch Christus von Gott auserwählt, geheiligt und geliebt sind.

Paulus zeigt uns, dass es drei innere Bedingungen gibt, aus denen sich wiederum drei nach außen gerichtete Verhaltensweisen ergeben:

> »Zieht nun an, als Auserwählte Gottes, als Heilige und Geliebte: herzliches Erbarmen, Güte, Demut, Sanftmut, Langmut, einander ertragend und euch gegenseitig vergebend, wenn einer Klage hat gegen den anderen; wie auch der Christus euch vergeben hat, so auch ihr« (Kolosser 3,12-13).

Das breche ich auf drei Paare herunter: herzliches Erbarmen und Güte; Demut und Sanftmut; Langmut und Nachsicht.

HERZLICHES ERBARMEN UND GÜTE

»Herzliches Erbarmen« ist eine moderne Übersetzung des Ausdrucks »Eingeweide des Erbarmens«. Eingeweide des Erbarmens sind die *innere* Voraussetzung, Güte die nach *außen* gerichtete Verhaltensweise. Wer ganz tief in seinem Inneren barmherzig ist, in dem wächst auch die Frucht der Güte und Freundlichkeit. Also, liebe Ehepartner, wachsen Sie durch das Evangelium immer mehr im Glauben an Christus, bis Sie barmherziger werden! Und dann lassen Sie diese sanfte Barmherzigkeit Ihren Umgang mit Güte erfüllen. Kämpfen

Sie diesen Kampf im Glauben, durch das Evangelium, im Gebet. Sie sind auserwählt, geheiligt und geliebt – lassen Sie sich davon überwältigen und zerbrechen, aufbauen, froh und barmherzig machen.

DEMUT UND SANFTMUT

Das nächste Begriffspaar ist Demut und Sanftmut. Wieder ist Demut die *innere* Bedingung, während Sanftmut das *äußerlich* sichtbare Verhalten bezeichnet. Menschen, deren Herz demütig und nicht stolz ist, handeln rücksichtsvoller gegenüber anderen. Wer sanftmütig ist und Rücksicht nimmt, achtet andere höher als sich selbst und dient ihnen. Das ist Demut.

Also, liebe Ehepartner, wachsen Sie durch das Evangelium immer tiefer im Glauben an Christus, bis Sie demütiger und bescheidener werden. Das Evangelium von Christi leidvollem Tod für uns bricht unseren Stolz, unser Verständnis von gerechtfertigtem Zorn und unsere Frustration, wenn Dinge nicht so laufen, wie wir uns das wünschen. Es bringt Demut in unsere Herzen und daraus fließt Sanftmut in unser Verhalten. Der Kampf richtet sich gegen unseren stolzen inneren, egozentrischen Menschen. Kämpfen Sie diesen Kampf im Glauben, durch das Evangelium, im Gebet. Sie sind auserwählt, geheiligt und geliebt – lassen Sie sich davon überwältigen und zerbrechen, aufbauen und froh und barmherzig machen.

LANGMUT UND NACHSICHT

Dann folgt wieder ein Begriffspaar, aber eigentlich nicht wirklich ein Paar: Es ist eine innere Voraussetzung, auf die zwei Dinge folgen, nämlich Ertragen und Vergeben. Aber Ertragen und Vergeben gehört nach der Bibel zusammen. Deshalb sehe ich Langmut als die *innere* Bedingung an und Ertragen und Vergeben (man könnte die beiden Begriffe unter »Nachsicht« zusammenfassen) als das *äußerlich* sichtbare Verhalten.

Langmut heißt: Werden Sie zu einer Person, die keine kurze Zündschnur hat, sondern eine lange. Eine *sehr* lange sogar. Werden Sie eine geduldige Person, langsam zum Zorn, schnell zum Hören und langsam zum Reden (Jakobus 1,19).

Diese drei inneren Bedingungen, die ich erwähnt habe, sind miteinander verbunden und wirken aufeinander ein. »*Eingeweide des Erbarmens*« und *Demut* führen dazu, dass man *langmütig* wird. Wenn Sie schnell zum Zorn sind anstatt langmütig, ist die Wurzel vielleicht ein Mangel an Barmherzigkeit und Nachsicht. Mit anderen Worten: Auserwählt, geheiligt und geliebt zu sein, hat noch nicht Ihr Herz gebrochen und von Selbstsucht und Stolz geheilt.

Also, liebe Ehemänner, wachsen Sie durch das Evangelium immer tiefer im Glauben an Christus, bis Ihr Herz von diesen drei inneren Voraussetzungen – Barmherzigkeit, Demut und Langmut – geprägt wird. Kämpfen Sie um innere Veränderung, die Sie barmherziger und demütiger und dadurch langmütiger macht. Und, liebe Ehefrauen, Sie genauso: Wachsen Sie durch das Evangelium immer tiefer im Glauben an Christus, damit Sie barmherziger, demütiger und langmütiger werden. Dann behandeln Sie einander mit … ja, womit eigentlich?

Dieses letzte Paar ist nicht wirklich ein Paar. Zuerst gab es das Paar von mitfühlenden oder *barmherzigen* Herzen, die zu einer Haltung der *Güte* führen. Dann gab es das Paar der *Demut* oder Bescheidenheit, die zu einer Haltung der *Sanftmut* führt. Aber wohin führt *Langmut*?

ERTRAGEN UND VERGEBEN IN DER EHE

> »Zieht nun an, als Auserwählte Gottes, als Heilige und Geliebte: herzliches Erbarmen, Güte, Demut, Sanftmut, Langmut, einander *ertragend* und euch gegenseitig *vergebend*, wenn einer Klage hat gegen den anderen« (Kolosser 3,12-13).

Auf die innere Voraussetzung (Langmut) folgen diesmal gleich zwei Dinge: »einander ertragend« und »euch gegenseitig vergebend, wenn einer Klage hat gegen den anderen«. Ertragen und Vergeben. Was bedeutet das und wie sieht das in der Ehe aus?

Zuerst ein paar Anmerkungen zu den beiden Worten. Jesus benutzt das Wort »ertragen« oder »dulden« in Lukas 9,41: »O ungläubiges und verkehrtes Geschlecht! Bis wann soll ich bei euch sein und euch ertragen?« Paulus gebraucht es in 1. Korinther 4,12: »Verfolgt, dulden wir.« Das ist die Bedeutung hier: Werdet langmütige Personen und ertragt einander. Seid nachsichtig. »[Die Liebe] erträgt alles, sie glaubt alles, sie hofft alles, sie erduldet alles. Die Liebe vergeht niemals« (1. Korinther 13,7-8).

Das andere Wort ist »vergeben«. Es gibt mindestens zwei Worte für diesen Begriff im Neuen Testament. Das, was hier gebraucht wird, bedeutet »frei oder großzügig geben«[9]. Der Gedanke dahinter ist: Wenn wir vergeben, bestehen wir nicht auf Bezahlung. Wir behandeln die Menschen besser, als sie es verdienen. In diesem Sinne vergeben Sie jemandem, der Ihnen etwas angetan hat und dadurch in Ihrer Schuld steht, während die Gerechtigkeit sagt,

---

9 Griech. *charizomenoi*.

dass Sie ein Recht darauf haben, dem anderen als Bezahlung für das Leid, das er Ihnen zugefügt hat, dasselbe Leid zuzufügen. Sie verzichten nicht nur auf die Bezahlung, sondern Sie »geben großzügig« Gutes für Böses. Das ist die Bedeutung des Wortes »vergeben«. Es ist Ihre Grundeinstellung, anderen zu vergeben – Sie vergelten nicht Böses mit Bösem, sondern Sie segnen.[10]

»IN GUTEN WIE IN SCHLECHTEN ZEITEN«

Paulus hat erkannt, dass Vergeben wie Ertragen absolut notwendig sind für ein gemeinsames Leben, sei es in der Gemeinde oder in der Ehe. *Vergeben* sagt: Ich werde dich nicht schlecht behandeln wegen deiner Sünden gegen mich oder wegen deiner lästigen Angewohnheiten. Und *Ertragen* gibt zu (meistens erst einmal vor sich selbst): Diese Sünden und lästigen Angewohnheiten regen mich wirklich auf oder verletzen mich! Wenn es an der anderen Person nichts gäbe, was uns aufregen oder verletzen würde, dann gäbe es keinen Grund für die Aufforderung, einander zu ertragen.

Wenn Sie einen Menschen heiraten, wissen Sie nicht, wie er in dreißig Jahren sein wird. Als unsere Vorfahren die Eheversprechen entwarfen, hatten sie keine rosarote Brille auf, sondern die Realität deutlich vor Augen: »Ich verspreche, dich nicht zu verlassen und dir die Treue zu halten, in guten wie in schlechten Zeiten, in Reichtum und in Armut, in Gesundheit und in Krankheit, bis dass der Tod uns scheidet.« Sie wissen nicht, wie dieser Mensch in der Zukunft sein wird. Vielleicht besser, als Sie es sich je erhofft

---

10 Matthäus 5,44; Lukas 6,27; 1. Korinther 4,12; 1. Thessalonicher 5,15.

haben, vielleicht aber auch viel schlechter. Unsere Hoffnung ruht darauf: Wir sind auserwählt, geheiligt und geliebt. Gott ist für uns, und alles trägt zum Besten derer bei, die Gott lieben.[11]

DER KOMPOSTHAUFEN

Kommen wir nun zu dem Komposthaufen, den ich am Ende des letzten Kapitels erwähnt habe. Stellen Sie sich Ihre Ehe als eine Wiese vor. Am Anfang betreten Sie sie voller Hoffnung und Freude. Wenn Sie in die Zukunft schauen, sehen Sie wunderschöne Blumen, Bäume und sanfte Hügel. Diese Schönheit ist das, was Sie im anderen sehen. Ihre Beziehung ist die Wiese, die Blumen und die sanften Hügel.

Aber schon nach wenigen Schritten beginnen Sie beide, in Kuhfladen zu treten. In manchen Zeiten Ihrer Ehe scheinen sie überall zu sein. Spät am Abend nehmen sie besonders überhand. Sie heißen »Sünde« und »Fehler«, »Macken«, »Schwachheit« und »nervende Angewohnheiten«, an Ihnen und Ihrem Partner. Sie versuchen, sie zu vergeben und mit Gnade zu ertragen.

Aber diese Kuhfladen haben so ihre Art, die Partnerschaft zu dominieren. Vielleicht ist es noch nicht einmal wahr, aber manchmal fühlt es sich so an, als wäre das alles, was noch da ist – Kuhfladen. Noël und ich sind darauf gekommen, mithilfe von Ertragen und Vergeben einen Komposthaufen anzulegen. Dorthin schaufeln wir die Kuhfladen.

---

11 Römer 8,28; Psalm 23,6; 84,11.

Wenn Sie einander anschauen, müssen auch Sie einfach zugeben, dass es eine Menge Kuhfladen gibt. Aber Sie sagen zueinander: »Weißt du, es gibt mehr in dieser Beziehung als Kuhfladen. Und wir verlieren die Sicht auf all das Gute, wenn wir uns die ganze Zeit auf diese Kuhfladen konzentrieren. Lass sie uns alle auf den Komposthaufen werfen. Wenn es sein muss, gehen wir dorthin und riechen den Gestank und fühlen uns schlecht und gehen damit in der bestmöglichen Weise um. Und dann verlassen wir diese Stelle und sehen wieder auf den Rest der Wiese. Wir werden uns einige Lieblingspfade und -hügel aussuchen, von denen wir wissen, dass sie nicht mit Kuhfladen übersät sind, und dankbar sein für diesen schönen und romantischen Teil der Wiese. Unsere Hände mögen schmutzig sein und unsere Rücken schmerzen vor lauter Schaufeln. Aber eines wissen wir: Wir bauen unser Zelt nicht neben dem Komposthaufen auf. Wir gehen dort nur hin, wenn wir müssen. Es ist ein Geschenk der Gnade, das wir uns immer wieder machen – weil wir auserwählt und geheiligt und geliebt sind.«

DIE SEIFENBLASEN PLATZEN LASSEN

Uns ist klar, dass manche die Vorstellung von einem Komposthaufen nicht mögen. Sie empfinden das als ein Zugeständnis an die Sünde, das Buße und Umkehr erschwert. Glauben Sie mir: Das können wir sehr gut nachempfinden. Ich hoffe, dass die nächsten Kapitel jedes Missverständnis beseitigen werden – als wären wir nicht davon überzeugt, dass man an Kuhfladen-Verhalten hart arbeiten sollte, um es aus der Welt zu schaffen. Wir glauben an das Streben nach persönlicher Veränderung und Heiligkeit. Wir glauben an die Erfolge von Kleingruppen, in denen an Ehen gearbeitet wird, und an professionelle biblische Seelsorge.

Aber wir leben jetzt schon vierzig Jahre in diesem herrlichen und wahnsinnig machenden Zustand namens Ehe, und wir sind nicht naiv. Diese zwei erlösten Sünder werden noch mit Fehlern und Macken ins Grab gehen. Wir sind sehr froh, dass Paulus nicht sagt: »Ertragt einander für die ersten zehn Jahre eurer Ehe, bis ihr alle Probleme gelöst und alle Sünden überwunden habt, und dann genießt die grünen Weiden der letzten vierzig Jahre eurer Ehe miteinander, ohne dass ihr nachsichtig miteinander sein müsst.«

Es tut uns leid, dass jetzt gerade einige Seifenblasen geplatzt sind. Nein, eigentlich tut es uns nicht leid. Wir wollen ganz bewusst die Seifenblase der Naivität platzen lassen und Ihnen einen Weg zeigen, wie Sie einander ertragen und gleichzeitig genießen können. Wir hoffen, Sie lesen das nächste Kapitel, damit wir das Gleichgewicht in diesem Punkt herstellen können.

»Wird so nicht gerade die Stunde der großen Enttäuschung über den Bruder mir unvergleichlich heilsam sein, weil sie mich gründlich darüber belehrt, dass wir beide doch niemals von eigenen Worten und Taten, sondern allein von dem einen Wort und der einen Tat leben können, die uns in Wahrheit verbindet, nämlich von der Vergebung der Sünden in Jesus Christus? Wo die Frühnebel der Traumbilder fallen, dort bricht der helle Tag christlicher Gemeinschaft an.«

Dietrich Bonhoeffer,
Gemeinsames Leben, S. 25.

KAPITEL 5

IN DER EHE JESUS ÄHNLICHER WERDEN

»… einander untergeordnet in der Furcht Christi.

Ihr Frauen, ordnet euch euren eigenen Männern unter, als dem Herrn. Denn der Mann ist das Haupt der Frau, wie auch der Christus das Haupt der Versammlung ist; er ist des Leibes Heiland. Aber wie die Versammlung dem Christus unterworfen ist, so auch die Frauen den Männern in allem.

Ihr Männer, liebt eure Frauen, wie auch der Christus die Versammlung geliebt und sich selbst für sie hingegeben hat, damit er sie heiligte, sie reinigend durch die Waschung mit Wasser durch das Wort, damit er die Versammlung sich selbst verherrlicht darstellte, die nicht Flecken oder Runzel oder etwas dergleichen habe, sondern dass sie heilig und untadelig sei. So sind auch die Männer schuldig, ihre Frauen zu lieben wie ihre eigenen Leiber. Wer seine Frau liebt, liebt sich selbst. Denn niemand hat jemals sein eigenes Fleisch gehasst, sondern er nährt und pflegt es, wie auch der Christus die Versammlung. Denn wir sind Glieder seines Leibes, von seinem Fleisch und von seinen Gebeinen. ›Deswegen wird ein Mensch den Vater und die Mutter verlassen und seiner Frau anhangen, und die zwei werden ein Fleisch sein.‹ Dieses Geheimnis ist groß; ich sage es aber in Bezug auf Christus und auf die Versammlung. Doch auch ihr, ein jeder von euch liebe seine Frau so wie sich selbst; die Frau aber, dass sie den Mann fürchte.«

EPHESER 5,21-33

»Du kannst nicht oft genug sagen, dass die Ehe ein Modell von Christus und der Gemeinde ist«, hatte Noël gesagt. Weil Ehe auf Gnade baut. Christus wirbt um seine Braut aus Gnade, bekommt sie durch Gnade, erhält sie durch Gnade und wird sie eines Tages durch Gnade vollkommen machen. Verdient haben wir nichts davon. Wir verdienen Gericht. Es geschieht alles aus Gnade.

BESSER, ALS WIR ES VERDIENEN

In den letzten zwei Kapiteln haben wir festgestellt, dass diese Gnade Ehepartner fähig macht, ihr Bundesversprechen zu halten. Dabei hilft Ertragen und Vergeben, denn Gnade bedeutet, dass Menschen besser behandelt werden, als sie es verdienen. Es ist das Herzstück christlicher Ethik:

> »Aber euch sage ich, die ihr hört: Liebt eure Feinde; tut wohl denen, die euch hassen; segnet die, die euch fluchen; betet für die, die euch beleidigen. Dem, der dich auf die Wange schlägt, biete auch die andere dar; und dem, der dir das Oberkleid nimmt, wehre auch das Untergewand nicht« (Lukas 6,27-29).
>
> »Doch liebt eure Feinde, und tut Gutes, und leiht, ohne etwas zurückzuerhoffen, und euer Lohn wird groß sein, und ihr werdet Söhne des Höchsten sein; denn *er* ist gütig gegen die Un-

dankbaren und Bösen. Seid barmherzig, wie auch euer Vater barmherzig ist« (Lukas 6,35-36).

Diese Maßstäbe Jesu werden nicht ungültig, wenn wir heiraten. Wenn wir schon generell Böses mit Gutem vergelten sollen, wie viel mehr dann in der Ehe!

GNADE IST AUCH KRAFT ZUR VERÄNDERUNG

Doch nun möchte ich eine andere Seite der Gnade betonen: Sie gibt Ihnen nicht nur Kraft, wenn jemand *gegen Sie* sündigt, sondern sie gibt Ihnen auch die Kraft, *selbst* mit dem Sündigen aufzuhören.

Weil wir Ertragen und Vergeben so sehr betont haben, hat sich vielleicht bei einigen das Gefühl breitgemacht, dass sich keine unserer sündigen Handlungen oder nervenden Eigenarten je ändern könnte – oder sollte. Dann wäre Ertragen und Vergeben wirklich alles, was wir tun könnten. Aber jetzt möchte ich anhand der Bibel zeigen, dass Gott durch seine Gnade auch Veränderung ermöglicht, sodass immer weniger Ertragen und Vergeben notwendig wird. Auch das ist ein Geschenk der Gnade. Gnade ist nicht nur die Kraft, Böses mit Gutem zu vergelten, sondern auch, weniger Böses zu tun – sogar die Kraft, anderen weniger auf die Nerven zu gehen. Gnade bewirkt den Wunsch in Ihnen, sich zur Ehre Christi und zur Freude Ihres Partners zu verändern. Und sie hat die Kraft, diese Veränderung Wirklichkeit werden zu lassen.

Während ich dies schreibe, befürchte ich, dass es von manch frustriertem Partner missverstanden werden könnte. »Endlich hört Piper auf, mir zu sagen, dass ich sie ertragen soll, und sagt ihr, dass sie sich verändern muss.« Beziehen Sie das, was ich hier sage, zuerst auf sich und nicht auf Ihren Partner! Konzentrieren Sie sich zuerst auf das, was Sie *selbst* verändern müssen, nicht er oder sie. Mag sein, dass Ihr Partner viel mehr gegen Sie sündigt als Sie gegen ihn oder sie. Aber darüber werden Sie dem Herrn Jesus keine Rechenschaft ablegen müssen, sondern darüber, wie Sie damit umgegangen sind. Das ist der große Kampf: Werden Sie sich verändern? Keine Frage, Ihr Partner sollte sich verändern. Aber ich prophezeie Ihnen: Wenn Sie sich darauf fixieren, wird nicht das dabei herauskommen, was Sie sich erhoffen.

VERÄNDERUNG IST BEWEGUNG

Man dreht sich also gewissermaßen im Kreis, um zu persönlicher Veränderung zu kommen. Warum habe ich zuerst Ertragen und Vergeben betont? – Weil es die wesentliche, felsenfeste Grundlage für Veränderung ist. Das robuste, auf Gnade gebaute Versprechen, den Bund zu halten, gibt Sicherheit und Hoffnung, sodass der Wunsch nach Veränderung geäußert werden kann, ohne bedrohlich zu wirken. Nur wenn eine Frau oder ein Mann fühlt, dass der andere sich total an sie oder ihn gebunden hat – auch wenn er oder sie sich nicht verändert –, fühlt sich die Bitte nach Veränderung wie *Gnade* an und nicht wie ein Ultimatum.

In diesem Kapitel möchte ich betonen, dass Ehe nichts Statisches sein sollte und nach Gottes Willen auch nicht sein muss – also immer nur Aushalten, keine Veränderung. Selbst das ist zwar in Gottes Augen besser, als sich scheiden zu lassen, und hat seine eigene Herrlichkeit. Aber es ist nicht das beste Bild von Christus und seiner Gemeinde.

Unsere *Geduld* in einer schwierigen Ehe sagt etwas über Christus und die Gemeinde aus: Diese Beziehung ist nicht seinetwegen schwierig, sondern unsertwegen. Aber es gibt auch noch *andere* Aspekte darüber, die ebenso dargestellt sein wollen. Es ehrt Christus nicht, wenn wir seine Liebe zu uns dadurch sichtbar machen wollen, dass wir uns weigern, unsere sündigen und schwierigen Verhaltensweisen zu verändern.

ÜBER ERTRAGEN UND VERGEBEN HINAUS

Das bringt uns zu den zentralen Versen für dieses Kapitel: Epheser 5,25-27. Diese Verse beziehen sich direkt auf das Thema unseres Kapitels: im Bund der Ehe Christus ähnlicher werden. Diese Verse sprechen davon, wie Ehemänner ihre Frauen lieben sollen, und diese Liebe geht weit über Ertragen und Vergeben hinaus:

> »Ihr Männer, liebt eure Frauen, wie auch der Christus die Versammlung geliebt und sich selbst für sie hingegeben hat, damit er sie heiligte, sie reinigend durch die Waschung mit Wasser durch das Wort, damit er die Versammlung sich selbst verherrlicht darstellte, die nicht Flecken oder Runzel oder etwas dergleichen habe, sondern dass sie heilig und untadelig sei.«

Christus möchte seine Braut, die Gemeinde, in etwas moralisch und geistlich Wunderschönes verwandeln. Dafür bezahlt er mit seinem Leben! Lassen Sie uns einen Moment darüber nachdenken, was dieser Abschnitt über das Denken und Handeln eines Mannes zu sagen hat, der möchte, dass seine Frau sich verändert.

Die erste Schlussfolgerung ist, dass ein Mann, der Christus liebt, eine besondere Verantwortung für das moralische und geistliche Wachstum seiner Frau trägt – also dafür, dass sie sich mit der Zeit, so Gott will, verändern wird.

AUF GEFÄHRLICHEM TERRAIN

Mir ist klar, dass ich mich hier auf gefährlichem Terrain bewege. Ich könnte einem selbstsüchtigen, engstirnigen und kontrollsüchtigen Mann direkt in die Hände spielen, der nicht unterscheiden kann zwischen *bereichernden Unterschieden* zwischen sich und seiner Frau und moralischen oder geistlichen *Schwächen* oder *Fehlern*, die verändert werden sollten. Er könnte daraus den Auftrag herauslesen, seine Frau hinten und vorne zu kontrollieren. Kriterium für Veränderung wären dabei seine eigenen selbstsüchtigen Wünsche, verpackt in geistliche Sprache.

Das ist leider kein Witz. Ich habe mit Männern zu tun gehabt, deren Verständnis von der Unterordnung einer Ehefrau schon richtig krankhaft war. Während wir uns durch ihre dysfunktionale Beziehung kämpften, erzählte mir die Frau, sie dürfe nur mit Erlaubnis ihres Mannes zur Toilette gehen. Das ist keine Übertreibung! Gewisse Gemüter scheinen unfähig zu sein, mehrere Aspekte über das Führen einer Beziehung zusammenzubringen. Das sind enge, kranke Geister, die es sich zu einfach machen, Dinge durcheinanderbringen und dadurch kaputtmachen. Ich bete dafür, dass sie meine Worte nicht dazu verwenden, ihre Sünden zu rechtfertigen. Ein ehrlicher Blick auf Epheser 5,25-27 wird uns helfen, dieses Minenfeld in Liebe, Weisheit und Reife zu durchkreuzen. Dazu drei Beobachtungen:

1. Der Ehemann ist nicht Christus

Der Ehemann ist *wie* Christus, was bedeutet, er ist nicht Christus selbst. Vers 23: »Denn der Mann ist das Haupt der Frau, *wie* auch der Christus das Haupt der Versammlung ist; er ist des Leibes Heiland.« Der Ausdruck »wie« bedeutet *nicht*, dass der Mann in *allem* wie Christus ist. Er ist in seiner Macht beschränkt und nicht allmächtig wie Christus. Er ist in seiner Weisheit beschränkt und fehlbar und nicht allwissend wie Christus. Und er ist sündig, nicht perfekt wie Christus. Deshalb dürfen wir Ehemänner nicht wagen zu denken, wir seien unfehlbar. Wir irren manchmal in dem, was wir an unseren Frauen verändert haben wollen. Das ist die erste Beobachtung.

2. Christus ähnlich, nicht dem Ehemann

Das Ziel, das ein Ehemann nach Gottes Herzen mit der Veränderung seiner Frau verfolgt, ist Ähnlichkeit mit *Christus*, nicht mit *ihm*. Beachten Sie die Schlüsselworte in den Versen 26-27: »… damit er sie heiligte, … damit er die Versammlung sich selbst verherrlicht darstellte, … dass sie heilig und untadelig sei.«

Die Ausdrücke »heiligen«, »verherrlicht« und »heilig und untadelig« zeigen, dass unsere Wünsche für unsere Frauen an *Gottes* Maßstab für Heiligkeit gemessen werden müssen, nicht an *unseren* persönlichen Vorlieben.

3. Sterben für die Frau

Die dritte Beobachtung ist die wichtigste: Paulus richtet die Aufmerksamkeit darauf, dass Christus die Umgestaltung seiner Braut erstaunlicherweise dadurch erreicht, dass er für sie stirbt. Verse 25-26: »Ihr Männer, liebt eure Frauen, wie auch der Christus die

Versammlung geliebt und sich selbst für sie hingegeben hat, damit er sie heiligte …«

Etwas Kompromissloseres kann einem Mann nicht gesagt werden, der sich wünscht, seine Frau im Bund der Ehe Christus ähnlicher werden zu lassen. Männer, versuchen wir, unsere Frau Christus ähnlicher werden zu lassen, indem wir ihr Veränderungen aufzwingen *oder* indem wir für sie sterben? Wenn wir sie leiten oder wenn nötig konfrontieren, sind wir dann selbstherrlich *oder* demütig? Tun wir es mit Verachtung *oder* Mitgefühl?

Wenn ein Ehemann in all diesen Dingen liebevoll und weise ist wie Christus, wird eine Frau mit demütigem Herzen seinen Wunsch nach Veränderung bei ihr als Dienst wahrnehmen und nicht als Demütigung. Christus wünscht sich ganz klar, dass seine Braut in der Heiligung wächst, aber um das zu erreichen, *starb* er. Deshalb sollten wir Ehemänner unseren Wunsch nach Veränderung bei unseren Frauen vom selbstlosen Tod Christi bestimmen lassen. Möge Gott uns die Demut und den Mut geben, unsere Methoden an den Leiden Christi zu messen (vgl. Titus 2,14; Offenbarung 19,7).

FRAUEN, DIE IHRE MÄNNER VERÄNDERN

Kommen wir nun zum Wunsch einer Ehefrau, ihren Mann zu ändern. In diesem Kapitel geht es noch nicht um die Rollen von Haupt und Unterordnung, aber ich muss hier kurz darauf eingehen, was diese Rollen *nicht* sind. Ich habe bereits weiter oben gesagt, dass die Führungsrolle eines Ehemannes nicht mit der von Christus *identisch* ist, sondern *wie* diese.

Wenn Epheser 5,22 sagt: »Ihr Frauen, ordnet euch euren eigenen Männern unter, als dem Herrn«, dann heißt das Wort »als«

nicht, dass Christus und der Ehemann gleich sind. Christus ist der Höchste, der Ehemann nicht. Die Loyalität der Frau gehört zuerst Christus, nicht ihrem Mann. Der Vergleich funktioniert nur, wenn eine Frau sich *Christus* absolut unterordnet, nicht ihrem Mann. Dann kann sie sich auch ihrem Mann unterordnen, ohne Verrat oder Götzendienst zu begehen.

Daraus folgt, dass auch die Ehemänner verändert werden müssen und ihre Frauen sehen, dass das notwendig ist. Der Mann ist nicht perfekt wie Christus. Er hat seine Fehler. Auch wenn die Frau ihren Mann als ihr Haupt respektiert – ihren Führer, Beschützer und Versorger –, darf und soll sie seine Veränderung anstreben. Dafür gibt es noch mehrere Gründe:

Die Analogie des Gebets

Ein Grund ist die Funktion des Gebets in der Beziehung zwischen Christus und seiner Gemeinde. Eine Frau verhält sich zu ihrem Mann, wie die Gemeinde sich zu Christus verhalten sollte. Die Gemeinde betet zu Christus – oder zu Gott dem Vater durch Christus. Wenn die Gemeinde zu ihrem »Ehemann« betet, bittet sie ihn, bestimmte Dinge auf bestimmte Weise zu tun. Wenn wir krank sind, bitten wir ihn um Heilung. Wenn wir hungrig sind, bitten wir ihn um das tägliche Brot. Wenn wir nicht weiterwissen, bitten wir ihn um Wegweisung usw. Wir glauben, dass Christus absolut souverän und in der Lage ist, alles zu lenken, deshalb bitten wir ihn, die Situation zu verändern, in die er uns gestellt hat.

Der Vergleich hinkt ein wenig. Die Gemeinde konfrontiert Jesus nicht mit seiner Unvollkommenheit, weil er keine Fehler hat. Aber wir wünschen uns von ihm Veränderungen in Situationen, die er herbeigeführt hat. Das ist bittendes Gebet. Nach dieser

Analogie werden Frauen ihre Männer bitten, etwas an ihrem Verhalten zu ändern.

Alle Ehemänner brauchen Veränderung

Aber der Hauptgrund, warum Frauen die Veränderung ihrer Männer anstreben können und sollen, ist: Die Ehemänner sind Christus in der Beziehung zu ihren Frauen nur *ähnlich*. Wir sind nicht Christus. Und einer der Hauptunterschiede ist, dass unser Charakter und unsere Gewohnheiten Veränderung nötig haben, Christus dagegen nicht. In der Beziehung haben wir eine ähnliche Position wie Christus, aber im Unterschied zu Christus sind wir sündig, beschränkt und machen viele Fehler. Wir brauchen Veränderung, das ist eine klare Lehre, die sich durch das ganze Neue Testament zieht.

Ehefrauen sind Schwestern in Christus

Außerdem sind unsere Frauen nicht nur unser Ehepartner, sondern in Christus auch liebe Schwestern. Es gibt einen besonderen Weg für eine Ehefrau in Unterordnung, ihrem unvollkommenen Bruder-Ehemann eine liebevolle Schwester zu sein. Von Zeit zu Zeit wird sie sich zum Beispiel Galater 6,1 zu Herzen nehmen: »Brüder, wenn auch ein Mensch von einem Fehltritt übereilt wurde, so bringt ihr, die Geistlichen, einen solchen wieder zurecht im Geist der Sanftmut …« Sie wird das für ihn tun.

Aber sie wird nicht nur Galater 6,1 umsetzen, sondern auch andere Stellen. Zum Beispiel werden Ehepartner, die sich vom Heiligen Geist bestimmen lassen, sich an Matthäus 18,15 halten, und zwar in der besonderen Haltung von Haupt und Unterordnung:

»Wenn aber dein Bruder gegen dich sündigt, so geh hin, überführe ihn zwischen dir und ihm allein.«

DIE GEFAHR DES NÖRGELNS

Das muss alles gut abgewogen werden gegen die Gefahr des Nörgelns. Es ist traurig, wenn eine Frau sich vergeblich wünscht, dass ihr Mann sich aufrafft und Verantwortung für die geistliche Führung der Familie übernimmt. Dazu werde ich in den nächsten Kapiteln noch mehr sagen. Aber das Wort »nörgeln« existiert, um uns daran zu erinnern, dass man es auch übertreiben kann mit dem Antreiben.

Der Apostel Petrus warnt uns in 1. Petrus 3,1 mit strengen Worten:

> »Ebenso ihr Frauen, ordnet euch euren eigenen Männern unter, damit, wenn auch einige dem Wort nicht gehorchen, sie durch den Wandel der Frauen ohne Wort gewonnen werden mögen ...«

Hier geht es zwar um ungläubige Ehemänner, aber das Prinzip kann auf breiterer Ebene angewendet werden.

Ich denke nicht, dass 1. Petrus 3,1 bedeutet, dass eine Frau nicht mit ihrem Mann über ihren Glauben sprechen darf. Aber es gibt eine Art zu reden, die kontraproduktiv ist. »Ohne Wort« heißt: Bedrängen Sie ihn nicht. Nörgeln Sie nicht an ihm herum. Seien Sie klug wie eine Schlange und ohne Falsch wie eine Taube (Matthäus 10,16). Wägen Sie ab, ob eine Aussage zu hart ist oder angemessen. In erster Linie sollen Sie versuchen, Ihren Mann durch einen »in Furcht reinen Wandel« zu gewinnen (1. Petrus 3,2).

VERÄNDERUNG DURCH OPFER

Das bringt uns zurück zu unserem Haupttext in Epheser 5. Paulus sagt den Männern: »Ihr Männer, liebt eure Frauen, wie auch der Christus die Versammlung geliebt und sich selbst für sie hingegeben hat, damit er sie heiligte …« (Verse 25-26).

Nicht nur die Frauen sollten ihren Partner durch ihr Verhalten zu gewinnen versuchen, Christus hat es mit der Gemeinde ebenso gemacht. Er starb für sie. Also gewinnen *Frauen wie Männer* ihren Partner vor allem durch ein Leben in Liebe, die sich aufopfert.

VERÄNDERUNG IST MÖGLICH

Ertragen und Vergeben, wie ich es in den vorherigen Kapiteln beschrieben habe, bedeutet nicht nur, etwas einfach *auszuhalten*, sondern bereitet mit aufopferungsvoller Liebe den Weg zur *Veränderung*. Es gibt wenige Dinge, die einen Ehepartner mehr verändern können als geduldige, vergebende Opfer aus Liebe zum Partner.

Ehe bedeutet auch Konfrontation und Streben nach Ähnlichkeit mit Christus. Das Leben besteht nicht nur aus Ertragen und Vergeben; wirkliche Veränderung ist möglich. Dafür ist Christus gestorben. Er ruft uns Ehepartner auf, so zu lieben wie er.

»Wenn nun der Mann als das Haupt der Frau bezeichnet wird und sogar unter dem Zusatz ›gleichwie Christus ist das Haupt der Gemeinde‹, so fällt damit auf unsere irdischen Verhältnisse ein göttlicher Abglanz, den wir erkennen und ehren sollen. Die Würde, die dem Mann hier zugesprochen wird, liegt nicht in seinen persönlichen Fähigkeiten und Anlagen, sondern in seinem Amt, das er in der Ehe empfängt. Mit dieser Würde umkleidet soll ihn die Frau sehen. Ihm selbst aber ist diese Würde höchste Verantwortung.«

Dietrich Bonhoeffer,
Widerstand und Ergebung, S. 37-38.

KAPITEL 6

MIT LÖWENMUT UND LAMMESART: GRUNDLAGEN DES HAUPTSEINS

»… einander untergeordnet in der Furcht Christi.

Ihr Frauen, ordnet euch euren eigenen Männern unter, als dem Herrn. Denn der Mann ist das Haupt der Frau, wie auch der Christus das Haupt der Versammlung ist; er ist des Leibes Heiland. Aber wie die Versammlung dem Christus unterworfen ist, so auch die Frauen den Männern in allem.

Ihr Männer, liebt eure Frauen, wie auch der Christus die Versammlung geliebt und sich selbst für sie hingegeben hat, damit er sie heiligte, sie reinigend durch die Waschung mit Wasser durch das Wort, damit er die Versammlung sich selbst verherrlicht darstellte, die nicht Flecken oder Runzel oder etwas dergleichen habe, sondern dass sie heilig und untadelig sei. So sind auch die Männer schuldig, ihre Frauen zu lieben wie ihre eigenen Leiber. Wer seine Frau liebt, liebt sich selbst. Denn niemand hat jemals sein eigenes Fleisch gehasst, sondern er nährt und pflegt es, wie auch der Christus die Versammlung. Denn wir sind Glieder seines Leibes, von seinem Fleisch und von seinen Gebeinen. ›Deswegen wird ein Mensch den Vater und die Mutter verlassen und seiner Frau anhangen, und die zwei werden ein Fleisch sein.‹ Dieses Geheimnis ist groß; ich sage es aber in Bezug auf Christus und auf die Versammlung. Doch auch ihr, ein jeder von euch liebe seine Frau so wie sich selbst; die Frau aber, dass sie den Mann fürchte.«

EPHESER 5,21-33

Ich habe den Titel »Mit Löwenmut und Lammesart« bewusst gewählt, um den christlichen Ehemann zu beschreiben. Jesus ist der Löwe von Juda und das Lamm Gottes (Offenbarung 5,5-6). Er hatte das Herz eines Löwen und die Sanftmut eines Lammes, er war stark und bescheiden, hart und sanft zugleich, agierend und reagierend, stolz und zerbrochenen Herzens. Er gibt den Maßstab für Männlichkeit vor.

In diesem und dem nächsten Kapitel will ich ausführen, was es für einen verheirateten Mann bedeutet, das Haupt seiner Frau und seines Hauses zu sein. Denn die Bibel sagt in Epheser 5,23, dass der Mann das Haupt der Frau ist, genauso wie Christus das Haupt der Gemeinde ist. Wir müssen wissen, was das bedeutet, damit wir uns darüber freuen und danach richten können. Außerdem ist heutzutage kaum etwas so angeknackst wie die Männlichkeit und die Rolle als Haupt in der Beziehung zu Frau und Kindern. Diese Gebrochenheit hat enorme Auswirkungen und berührt fast jeden Lebensbereich. Um es sorgfältig biblisch auszulegen und zu würdigen und biblisches Mannsein und gute Familienstrukturen wiederzuentdecken, widmen wir diesem wichtigen Thema gleich zwei Kapitel.

DAS WICHTIGSTE ZUERST

Eine der Hauptaussagen dieses Buches war bisher, dass es in der Ehe nicht in erster Linie darum geht, verliebt zu bleiben, sondern einen Bund zu halten. Gerade dann, wenn Sie unerschütterlich an diesem Bund festhalten, ist die Wahrscheinlichkeit viel größer, dass Sie in vierzig Jahren innig in Ihren Ehepartner verliebt sind, als wenn dies Ihr oberstes Ziel ist. Die *wichtigsten* Dinge an die erste Stelle zu setzen, macht auch die *zweit*wichtigsten Dinge einfacher. Verliebt zu bleiben, ist nicht die Hauptaufgabe in einer Ehe, sondern eine glückliche Zugabe, wenn man den Bund um Christi willen einhält.

In diesen Kapiteln haben wir viel über die Grundlage unserer Treue im Ehebund nachgedacht: Christus, der seinen Bund mit uns hält. Die Ehe ist ein Fenster dieser Bundestreue und eine Verbindung von Ertragen und Vergeben. Im letzten Kapitel haben wir dann die Frage aufgegriffen: Können Eheleute einander helfen, sich zu verändern? Und wenn ja, wie macht man das auf gute Art?

Die Rollen von Hauptsein und Unterordnung habe ich absichtlich bisher nicht angesprochen. Bevor sie in ihrer Schönheit strahlen können, müssen die Grundlagen des Evangeliums gelegt sein. Sieht man sie erst einmal im Licht der Gnade, gibt es absolut nichts Unangenehmes oder Unschönes daran, Haupt zu sein oder sich unterzuordnen.

Damit drängt sich nun die Frage auf: Was bedeutet es, das Haupt zu sein? Und was ist Unterordnung? In diesem und dem nächsten Kapitel werden wir uns mit dem Hauptsein beschäftigen und uns dann in Kapitel 8 der Unterordnung zuwenden. Was ist die *Grundlage* des Hauptseins (dieses Kapitel), und wie sieht es in der *Praxis* aus (Kapitel 7)?

DAS ENTHÜLLTE GEHEIMNIS

Mit Epheser 5 sind wir langsam gut vertraut. Lassen Sie uns mit Vers 31 in den Text einsteigen, dem Zitat aus 1. Mose 2,24: »›Deswegen wird ein Mensch den Vater und die Mutter verlassen und seiner Frau anhangen, und die zwei werden ein Fleisch sein.‹«

Im nächsten Vers bezieht sich Paulus auf dieses Zitat und sagt: »Dieses Geheimnis ist groß; ich sage es aber in Bezug auf Christus und auf die Versammlung.«

Warum wird das Zusammenkommen eines Mannes und einer Frau, um in der Ehe ein Fleisch zu werden, ein Geheimnis genannt? »Geheimnis« meint im Neuen Testament nicht etwas, das zu komplex, tief, dunkel oder zu weit weg wäre, um von Menschen verstanden zu werden, sondern bezieht sich auf eine verborgene *Absicht* Gottes, die wir nun erkennen und genießen dürfen. Paulus erklärt in Vers 32, was dieses Geheimnis ist: Die Einheit in der Ehe ist ein Geheimnis, weil ihre tiefste Bedeutung von Gott während der Zeit des Alten Testaments geheim gehalten wurde, aber nun durch den Apostel offenbart ist – nämlich, dass die Ehe ein Abbild von Christus und der Gemeinde ist. »Ich sage es aber in Bezug auf Christus und die Versammlung« (Vers 32).

Die Ehe ist also eine Art Metapher, ein Bild, Gleichnis oder Modell, das für etwas steht, das *tiefer* geht als das Ein-Fleisch-Werden eines Mannes und einer Frau. Sie steht für die Beziehung zwischen Christus und der Gemeinde. Ihre tiefste Bedeutung liegt darin, lebendiges Schauspiel der Liebe zwischen Christus und seiner Gemeinde zu sein.

EIN LEIB UND EIN FLEISCH

In den Versen 28-30 wird das bestätigt. Sie beschreiben die Parallele zwischen Christus und der Gemeinde als einem Leib und dem Ehepaar als einem Fleisch:

> »So sind auch die Männer schuldig, ihre Frauen zu lieben wie ihre eigenen Leiber. Wer seine Frau liebt, liebt sich selbst. Denn niemand hat jemals sein eigenes Fleisch gehasst, sondern er nährt und pflegt es ...«

Die Einheit als ein Fleisch zwischen Mann und Frau bedeutet also, dass sie nun gewissermaßen ein Leib sind. Also lässt ein Mann die Fürsorge, mit der er seine Frau bedenkt, damit sich selbst zukommen. Sie sind eins. Was er für sie tut, tut er für sich.

Das vergleicht Paulus dann in den Versen 29-30 mit Christi Fürsorge für die Gemeinde:

> »Denn niemand hat jemals sein eigenes Fleisch gehasst, sondern er nährt und pflegt es, wie auch der Christus die Versammlung. Denn wir sind Glieder seines Leibes, von seinem Fleisch und von seinen Gebeinen.«

Sehen Sie die Parallele? Christus versorgt und pflegt die Gemeinde, weil wir Glieder (das heißt Arme, Beine, Hände und Füße) seines Leibes sind. Ehemänner versorgen und pflegen ihre Frauen »wie ihre eigenen Leiber«. Unsere Frauen sind unser eigener Körper, so wie die Gemeinde Christi Leib ist. Wie der Mann ein Fleisch mit seiner Frau ist, so ist Christus ein Leib mit seiner Gemeinde.

Das unterstreicht, was Paulus ein »großes Geheimnis« nennt: dass die Ehe in ihrer tiefsten Bedeutung Christus und die Gemeinde nachahmt. Wenn Sie Gottes Absicht mit der Ehe verstehen möchten, dann müssen Sie begreifen, dass wir es hier mit einer Kopie von einem Original zu tun haben, einer Metapher für eine größere Wirklichkeit, einem Gleichnis für eine höhere Wahrheit. Das *Original*, die Wirklichkeit, die Wahrheit ist Gottes Ehe mit seinem Volk, oder, wie wir es im Neuen Testament sehen, Christi Ehe mit der Gemeinde; die *Kopie*, die Metapher, das Gleichnis ist die menschliche Ehe zwischen einem Mann und einer Frau. In einem der besten Bücher über die Ehe, die ich bisher gelesen habe, sagt Geoffrey Bromiley:

> »Wie Gott *den Menschen in seinem Bilde schuf, so schuf er die irdische Ehe im Bilde seiner eigenen ewigen Ehe mit seinem Volk*.«[12]

Ich denke, damit trifft er genau den Punkt. Und das ist eine der wichtigsten Aussagen, die man über das menschliche Leben machen kann.

CHRISTUS/GEMEINDE, HAUPT/LEIB, MANN/FRAU

Eine Sache, die wir aus diesem Geheimnis lernen können, ist, dass die Rollen von Mann und Frau in der Ehe unterschiedlich sind. Epheser 5,22-25 entfaltet diese Rollen, die Ehemann und Ehefrau im Geheimnis der Ehe einnehmen:

---

12 Geoffrey Bromiley, *God and Marriage*, Grand Rapids 1980 (Eerdmans), S. 43.

> »Ihr Frauen, ordnet euch euren eigenen Männern unter, als dem Herrn. Denn der Mann ist das Haupt der Frau, wie auch der Christus das Haupt der Versammlung ist; er ist des Leibes Heiland. Aber wie die Versammlung dem Christus unterworfen ist, so auch die Frauen den Männern in allem.
>
> Ihr Männer, liebt eure Frauen, wie auch der Christus die Versammlung geliebt und sich selbst für sie hingegeben hat ...«

Ehemänner werden mit Christus als dem Haupt verglichen, Ehefrauen mit der Gemeinde als dem Leib. Männer werden aufgefordert, wie Christus zu lieben, während Frauen sich unterordnen sollen, wie die Gemeinde sich Christus unterordnet.

Es ist schon erstaunlich, wie viele Menschen diese Tatsachen nicht wahrnehmen (oder sie bewusst missachten), wenn sie sich mit diesem Abschnitt beschäftigen. Ich denke dabei an die Vertreter des Egalitarismus[13]: Sie lehnen die Vorstellung ab, dass die Männer ihrer Familie vorstehen sollen, betonen allein Vers 21 und lehren die gegenseitige Unterordnung. Dabei sind sich alle einig, dass Vers 21 zu Vers 18 gehört, wo Paulus uns auffordert, mit dem Heiligen Geist erfüllt zu werden:

> »Und berauscht euch nicht mit Wein, in dem Ausschweifung ist, sondern werdet mit dem Geist erfüllt, redend zueinander in Psalmen und Lobliedern und geistlichen Liedern, singend und spielend dem Herrn in eurem Herzen, danksagend allezeit für alles dem Gott und Vater im Namen unseres Herrn Je-

13 Anmerkung des Herausgebers: Von lat. *aequalitas* (dt. »Gleichheit«).

sus Christus, einander untergeordnet in der Furcht Christi« (Epheser 5,18-21).

Gegenseitige Unterordnung ist ein Ausdruck des Erfülltseins mit dem Heiligen Geist. Ehepartner, die mit dem Heiligen Geist erfüllt sind, dienen einander. Sie machen sich selbst klein, um den anderen größer zu machen. Sie finden Wege, ihre augenblicklichen Vorlieben dem Wohlergehen und den Bedürfnissen des anderen unterzuordnen.

Amen! Möge das immer öfter der Fall sein! Es geht mir überhaupt nicht darum, die gegenseitige Unterordnung und das gegenseitige Dienen kleinzureden.

GEGENSEITIGE UNTERORDNUNG UND UNVERWECHSELBARE ROLLEN

Aber das Problem ist, dass die Anhänger des Egalitarismus bei der gegenseitigen Unterordnung aufhören – als wäre das alles, was über die Rollen in der Ehe zu sagen ist oder was der Text sagt. Damit lassen sie die meisten Menschen heutzutage im Unklaren darüber, was nun die angemessenen Rollen von Ehemann und Ehefrau sind. Nachdem geklärt ist, dass Ehepartner demütig miteinander umgehen und bereit sein sollen, dem anderen zu dienen, die Bedürfnisse des anderen zu erfüllen und einander aufzubauen, bleibt immer noch eine große Unsicherheit zurück, was denn – wenn überhaupt – die Rollen von Ehemann und Ehefrau unterscheidet. Ist es nur die biologische Gabe des Kindergebärens? Oder gibt es noch einen tiefer gehenden Unterschied?

Es wundert mich einfach, dass die Anhänger des Egalitarismus nicht wahrnehmen, was jeder normale Leser in Epheser 5 sehen kann. Nachdem Paulus in Vers 21 erklärt hat, dass es gegenseitige Unterordnung gibt, nimmt er sich zwölf Verse lang Zeit, den Unterschied zu entfalten, wie Mann und Frau sich gegenseitig dienen sollen. Man muss die *gegenseitige* Unterordnung nicht leugnen, um darzustellen, wie wichtig auch die einzigartige Rolle des *Ehemannes* als Haupt und die einzigartige Berufung der *Ehefrau* zur Unterordnung unter dieses Haupt ist.

Am deutlichsten wird das, wenn wir uns daran erinnern, dass Jesus selbst sich ein Tuch umband, sich auf den Boden kniete und die Füße seiner Jünger wusch. Der Bräutigam diente der Braut, aber keinen Augenblick lang hatte auch nur einer der Apostel in diesem Raum Zweifel daran, wer in diesem Augenblick der Leiter war. Durch das Dienen wird die Leitung nicht ungültig, sondern *definiert*. Jesus hört nicht auf, der Löwe von Juda zu sein, wenn er wie ein Lamm seiner Gemeinde dient.

Nachdem Paulus in Vers 21 unsere Aufmerksamkeit auf die Gegenseitigkeit der Unterordnung und des Dienens gelenkt hat, verwendet er ab Vers 33 den ganzen Abschnitt, um zwischen den Rollen des Ehemannes und der Ehefrau zu *unterscheiden* – zwischen der liebenden Leitung eines Mannes, der sein Handeln an Christus orientiert, und der bereitwilligen Unterordnung seiner Frau, die ihr Handeln daraus ableitet, wie die Gemeinde Christus folgen soll. Für uns heute beinhaltet dieser Text nicht einfach nur den Ruf nach gegenseitiger Unterordnung, der junge Männer im Dunkeln tappen lässt, was es heißt, ein Ehemann zu sein, und junge Frauen im Unklaren darüber, was es heißt, eine Ehefrau zu sein. Der Text zeigt uns, was es bedeutet, das Haupt zu sein und sich unterzuordnen. Was sind die positiven, praktischen Folgen davon, dass der Mann in der Ehe zum Haupt berufen ist?

Es reicht nicht, einfach zu sagen: »Dient einander.« Christus und seine Gemeinde dienen einander, aber nicht auf die gleiche Weise. Christus ist Christus, wir sind die Gemeinde. Die Unterschiede zu verwischen, wäre theologisch und geistlich fatal. Die Folgen wären noch mehr Ernüchterung, Scheidungen und Zerstörung.

NICHT BELIEBIG ODER AUSTAUSCHBAR

Eines der Dinge, die glasklar aus Epheser 5 hervorgehen, ist also, dass die Aufgaben von Ehemann und Ehefrau in der Ehe nicht beliebig sind. Sie sind genauso wenig austauschbar wie die Rollen von Christus und der Gemeinde. Die Offenbarung dieses Geheimnisses ist die Wiederherstellung der ursprünglichen Absicht mit dem Ehebund, wie er im Garten Eden war.

Das lässt sich am deutlichsten daran erkennen, was die Sünde mit dem Hauptsein und der Unterordnung angerichtet hat. Die Worte von Paulus hier in Epheser 5 eignen sich perfekt, um diesen Verfall zu *heilen*. Als die Sünde in die Welt kam, ruinierte sie die Harmonie in der Ehe; nicht, weil sie Hauptsein und Unterordnung hineingebracht hätte, sondern, weil sie die demütige, liebevolle Führung des Mannes pervertierte – in feindselige Herrschsucht bei einem Teil der Männerwelt und schlaffe Gleichgültigkeit beim anderen Teil. Und auf der Frauenseite verdrehte sie die intelligente, freiwillige, fröhliche, kreative und wortgewandte Unterordnung in manipulative Unterwürfigkeit einerseits oder andererseits in dreiste Aufmüpfigkeit. Die Sünde hat Hauptsein und

Unterordnung nicht geschaffen; sie hat sie ruiniert, verzerrt und entstellt und zu etwas Destruktivem gemacht.

WIEDERHERSTELLUNG

Wenn das wahr ist, dann besteht die Erlösung, die wir mit dem Kommen Christi erwarten, nicht in der *Demontage* der ursprünglich geschaffenen Ordnung der liebevollen Führung und willentlichen Unterordnung, sondern in der *Wiederherstellung* dieser von der Sünde zerstörten Ordnung. Und genau das lesen wir in Epheser 5,21-33. Die Frauen fordert der Text auf: Lassen Sie Ihre gefallene Unterordnung erlöst werden, indem Sie sie von Gottes Absicht mit der Gemeinde prägen lassen! Und die Männer: Lassen Sie Ihre gefallene Leitung erlöst werden, indem Sie sie von Gottes Absicht mit Christus formen lassen!

Deshalb ist das Hauptsein kein Recht, die Frau zu kontrollieren, auszunutzen oder zu vernachlässigen. Das Opfer Christi ist das Vorbild; somit ist Hauptsein die *Verantwortung*, wie Christus zu lieben, indem wir unsere Frauen und Familien führen, beschützen und versorgen. Und Unterordnung ist nicht sklavisch, erzwungen oder unterwürfig. Das ist nicht die Antwort, die Christus sich von der Gemeinde auf seine Leitung, seinen Schutz und seine Versorgung wünscht. Er möchte, dass die Unterordnung der Gemeinde frei, willentlich und froh geschieht und die Gemeinde läutert und stärkt.

Der Text in Epheser 5,21-33 hat also zwei Funktionen: Er schützt vor dem Missbrauch des Hauptseins, indem er Ehemännern aufträgt, wie Jesus zu lieben, und er schützt vor der Abwertung der Unterordnung, indem er Frauen aufträgt, sich so zu verhalten wie die Gemeinde, die von Christus berufen ist, sich ihm zu unterstellen.

EINIGE DEFINITIONEN

Lassen Sie mich dieses Kapitel mit einigen kurzen Definitionen von Hauptsein und Unterordnung abschließen und dann im nächsten Kapitel dazu kommen, wie dieses Hauptsein in der Praxis aussieht und was Führung, Schutz und Versorgung von der Bibel her bedeuten.

> *Hauptsein* ist die göttliche Berufung eines Ehemannes, die Hauptverantwortung für sein Haus zu übernehmen, indem er wie Christus als Diener führt und seine Familie schützt und versorgt.

> *Unterordnung* ist die göttliche Berufung einer Ehefrau, die Führung ihres Mannes zu ehren und zu bestätigen und ihm durch ihre Gaben zu helfen, diese auszuüben.

Es steht eine Menge auf dem Spiel! Ich hoffe, Sie nehmen das ernst, egal, ob Sie alleinstehend oder verheiratet sind, alt oder jung. Davon hängt nicht nur unser Gesellschaftsgefüge ab, sondern auch die Darstellung des Treuebundes zwischen Christus und seiner Gemeinde.

»Als Haupt trägt er die Verantwortung für die Frau, für die Ehe und für das Haus. Ihm fällt die Sorge und der Schutz für die Seinen zu, er vertritt sein Haus gegenüber der Welt, er ist der Halt und Trost der Seinen, er ist der Hausmeister, der ermahnt, straft, hilft, tröstet und der für sein Haus vor Gott steht. Es ist gut, weil göttliche Ordnung, wenn die Frau den Mann in seinem Amte ehrt, und wenn der Mann seines Amtes wirklich waltet.«

Dietrich Bonhoeffer,
Widerstand und Ergebung, S. 38.

KAPITEL 7

MIT LÖWENMUT UND LAMMESART: LEITEN ALS HAUPT

»... einander untergeordnet in der Furcht Christi.

Ihr Frauen, ordnet euch euren eigenen Männern unter, als dem Herrn. Denn der Mann ist das Haupt der Frau, wie auch der Christus das Haupt der Versammlung ist; er ist des Leibes Heiland. Aber wie die Versammlung dem Christus unterworfen ist, so auch die Frauen den Männern in allem.

Ihr Männer, liebt eure Frauen, wie auch der Christus die Versammlung geliebt und sich selbst für sie hingegeben hat, damit er sie heiligte, sie reinigend durch die Waschung mit Wasser durch das Wort, damit er die Versammlung sich selbst verherrlicht darstellte, die nicht Flecken oder Runzel oder etwas dergleichen habe, sondern dass sie heilig und untadelig sei. So sind auch die Männer schuldig, ihre Frauen zu lieben wie ihre eigenen Leiber. Wer seine Frau liebt, liebt sich selbst. Denn niemand hat jemals sein eigenes Fleisch gehasst, sondern er nährt und pflegt es, wie auch der Christus die Versammlung. Denn wir sind Glieder seines Leibes, von seinem Fleisch und von seinen Gebeinen. ›Deswegen wird ein Mensch den Vater und die Mutter verlassen und seiner Frau anhangen, und die zwei werden ein Fleisch sein.‹ Die-

ses Geheimnis ist groß; ich sage es aber in Bezug auf Christus und auf die Versammlung. Doch auch ihr, ein jeder von euch liebe seine Frau so wie sich selbst; die Frau aber, dass sie den Mann fürchte.«

EPHESER 5,21-33

Jesus, der Löwe von Juda und das Lamm Gottes, ist unser Vorbild in Sachen Männlichkeit. An ihm sehen wir, dass Führung eine der wichtigsten Aufgaben eines Ehemannes ist: Sein ganzes Leben lang, in seinen stärksten und schwächsten Momenten, war er ein Leiter, Versorger und Beschützer. In Epheser 5,23 finden wir einen der zentralen Verse zu diesem Thema: »Denn der Mann ist das Haupt der Frau, genauso wie Christus das Haupt der Gemeinde ist – er, der sie errettet und zu seinem Leib gemacht hat.« Wenn ein Mann seiner besonderen Rolle in der Ehe gerecht werden will, muss er sich also an Christus und seiner Beziehung zur Gemeinde orientieren. Wie Christus in dieser Beziehung führt, so soll der Mann in der Ehe leiten.

VERSCHIEDENE ASPEKTE DES FÜHRENS

Am Ende des letzten Kapitels habe ich Hauptsein so definiert:

> *Hauptsein* ist die göttliche Berufung eines Ehemannes, die Hauptverantwortung für sein Haus zu übernehmen, indem er wie Christus als Diener führt und seine Familie schützt und versorgt.

Je mehr ich über diese drei Aspekte des Hauptseins nachdenke – führen, schützen und versorgen –, desto mehr scheinen sie zu *einer* Aufgabe mit *zwei* Ausdrucksformen zu verschmelzen: Führen ist die Aufgabe an sich, Schützen und Versorgen sind ihre zwei Aspekte. Ein Ehemann führt, indem er seine Familie schützt und versorgt. Schutz und Versorgung kann man nicht von Führung trennen; deshalb sind dies die beiden wichtigsten Bereiche, für die er als Haupt der Familie verantwortlich ist.

In diesem Kapitel wollen wir zuerst überprüfen, ob die Bibel diese These bestätigt, und dann einige Anwendungsbereiche und Beispiele betrachten. Wir beginnen mit einigen Argumenten aus dem Epheserbrief, die dafürsprechen, dass in dem Begriff »Haupt« in Vers 23 eine einzigartige Führungsverantwortung mitschwingt.

HAUPTSEIN BEDEUTET FÜHREN

Erstens: Schon im Alten Testament werden Anführer als »Haupt« bezeichnet. Zum Beispiel in Richter 11,11: »Da ging Jephta mit den Ältesten von Gilead, und das Volk setzte ihn zum Haupt und zum Anführer über sich.«[14]

Zweitens: Epheser 1,21-23 sagt: »[Christus ist gesetzt] über jedes Fürstentum und jede Gewalt und Kraft und Herrschaft und jeden Namen, der genannt wird, … und [Gott] hat alles seinen Füßen unterworfen und ihn als Haupt über alles der Versammlung gegeben, die sein Leib ist …« Dieser Text betont, dass Christus in seiner Funktion als Haupt der Gemeinde herrscht und Autorität ausübt; also führt er die Gemeinde.

---

14 Der griechische Ausdruck für »zum Haupt und zum Anführer« lautet: *eis kephalēn kai eis archēgon*. Vgl. auch Richter 10,18; 11,8-9; 2. Samuel 22,44; Psalm 18,44; Jesaja 7,8.

Drittens: In Epheser 5,25 schreibt Paulus: »Ihr Männer, liebt eure Frauen, wie auch der Christus die Versammlung geliebt und sich selbst für sie hingegeben hat …« Paulus spricht zunächst einmal davon, dass Christus sich für seine Braut geopfert hat und dass die Männer ihre Frauen genauso lieben sollen. Aber noch etwas wird in diesem Vers ganz deutlich: Christus hat völlig souverän und aus eigener Initiative gehandelt. Seine Aktion war keine Reaktion auf etwas, was die Gemeinde getan hätte. Nicht die Gemeinde hat ihre Errettung und Heiligung geplant, sondern Christus. Er führt seine Braut, indem er für sie leidet und stirbt. Das ist dienende Leitung – Führung in ihrer höchsten Form.

Christus hat uns durch sein Opfer vorgelebt, was Führen heißt; nicht nur, weil er sein Handeln selbst geplant und in die Wege geleitet hat, sondern auch, weil er uns durch seinen Tod ein Beispiel gegeben hat.

Jesus sagt: »Wenn jemand mir nachkommen will, so verleugne er sich selbst und nehme sein Kreuz auf und folge mir nach« (Matthäus 16,24). Oder anders ausgedrückt: »Ich habe die Führung übernommen, indem ich um der Liebe willen gelitten habe; nun nehmt ihr euer Kreuz auf euch und folgt mir.« Führung ist also nicht in erster Linie ein Recht oder Privileg, sondern Last und Verantwortung.

Das gesamte Zusammenspiel von Unterordnung und Hauptsein funktioniert nur, wenn das Haupt tatsächlich führt. Paulus sagt in den Versen 22-23: »Ihr Frauen, ordnet euch euren eigenen Männern unter, als dem Herrn. Denn der Mann ist das Haupt der Frau …« Die Frau soll sich unterordnen, weil der Mann das Haupt ist. Also muss Hauptsein bedeuten, so zu führen, dass eine Frau diese Führung annehmen kann.

Die Definition von Unterordnung, die wir in Kapitel 8 näher entfalten wollen, lautet:

> *Unterordnung* ist die göttliche Berufung einer Ehefrau, die Führung ihres Mannes zu ehren und zu bestätigen und ihm durch ihre Gaben zu helfen, diese auszuüben.

Der Mann als Haupt muss also führen, damit seine Frau sich unterordnen kann.

Ich schließe aus diesen Beobachtungen (und aus vielen anderen Teilen der Bibel, die wir untersuchen könnten):

> *Hauptsein* ist die göttliche Berufung eines Ehemannes, die Hauptverantwortung für sein Haus zu übernehmen, indem er wie Christus als Diener führt und seine Familie schützt und versorgt.

Führen als Beschützer

Aber wie komme ich darauf, dass Führung bedeutet, seine Familie zu beschützen und zu versorgen? Schauen wir uns zuerst das Thema Schutz an. In den Versen 25-27 beschreibt Paulus, wie der Ehemann seine Frau lieben soll – das heißt, wie er die dienende Führung nach Christi Vorbild ausüben soll:

> »Ihr Männer, liebt eure Frauen, wie auch der Christus die Versammlung geliebt und *sich selbst für sie hingegeben hat*, damit er sie heiligte, sie reinigend durch die Waschung mit Wasser

durch das Wort, damit er die Versammlung sich selbst verherrlicht darstellte, die nicht Flecken oder Runzel oder etwas dergleichen habe, sondern dass sie heilig und untadelig sei.«

Paulus beschreibt das rettende Opfer Jesu mit den Worten: »... sich selbst für sie hingegeben hat ...« Christus hat sein Leben für uns gegeben und damit unseren Platz eingenommen. Er hat »unsere Sünden an seinem Leib auf dem Holz getragen« (1. Petrus 2,24), ist »ein Fluch für uns geworden« (Galater 3,13) und »für uns gestorben« (Römer 5,8). Deswegen sind wir mit Gott versöhnt und gerettet vor – beschützt vor! – seinem Zorn, wie Römer 5,10 sagt: »Denn wenn wir, da wir Feinde waren, mit Gott versöhnt wurden durch den Tod seines Sohnes, so werden wir viel mehr, da wir versöhnt sind, durch sein Leben gerettet werden.«

Können Sie sich ein besseres Beispiel für Führung vorstellen, als dass jemand seine Braut rettet und beschützt? Wenn Paulus also einen Ehemann auffordert, das Haupt seiner Frau zu sein, indem er sie liebt wie Christus, dann meint er damit: Beschütze sie, egal, was es kostet.

Führen als Versorger

Wie sieht es mit der Versorgung aus? Ich habe ja behauptet, dass Hauptsein die göttliche Berufung eines Ehemannes ist, die Hauptverantwortung für sein Haus zu übernehmen, indem er wie Christus als Diener führt und seine Familie schützt und versorgt.

Deutet der Text irgendwo an, dass ein führender Ehemann dafür verantwortlich ist, seine Frau und Familie zu versorgen? Ganz eindeutig! Erinnern Sie sich an die Verse 28-29: »So sind auch die Männer schuldig, ihre Frauen zu lieben wie ihre eigenen Leiber.

Wer seine Frau liebt, liebt sich selbst. Denn niemand hat jemals sein eigenes Fleisch gehasst, sondern er *nährt* und *pflegt* es, wie auch der Christus die Versammlung.«

Schauen wir uns die Worte nähren und pflegen einmal genauer an. Der Begriff »nähren«[15] bedeutet in der Bibel in der Regel »Kinder aufziehen und sie mit dem versorgen, was sie brauchen«. Das meint zunächst nicht den Mann in seiner Funktion als *Elternteil*, sondern als einen fürsorglichen *Versorger*. In unserem Vers wird das Wort mehr im Sinne von 1. Mose 45,11 gebraucht, wo Joseph durch seine Brüder seinem Vater ausrichten lässt: »Und ich will dich dort *versorgen*[16] – denn noch fünf Jahre ist Hungersnot –, damit du nicht verarmst, du und dein Haus und alles, was du hast.« Hier betont Paulus also: Ein Ehemann, der wie Christus führt, setzt sich aktiv dafür ein, dass die Bedürfnisse seiner Frau und seiner Kinder erfüllt werden. Er sorgt für sie.

In eine ähnliche Richtung deutet der andere Begriff in Epheser 5,29, wenn auch mit einem etwas sanfteren Unterton. Der Ehemann nährt und pflegt seinen Körper und seine Frau, »wie auch der Christus« es mit der Gemeinde macht. Das Wort pflegen[17] kommt bei Paulus noch an einer anderen Stelle vor, als er auf seine zärtliche Liebe zur Gemeinde in Thessalonich verweist. Er vergleicht sich selbst mit einer Mutter, die für ihre Kinder sorgt. In 1. Thessalonicher 2,7 sagt Paulus: »... wir sind in eurer Mitte zart gewesen, wie eine nährende Frau ihre eigenen Kinder *pflegt*.« Damit will er die Gemeinde nicht verniedlichen, sondern seine

---

15 Griech. *ektrephei*.

16 Griech. *ekthrepsō*.

17 Griech. *thalpei*.

behutsame Fürsorge betonen und zeigen, dass er alles in seiner Macht Stehende für sie tun würde, wie eine Mutter für ihr Kind.

Wir finden also in Epheser 5 – ebenso wie in 1. Mose 1–3 und an vielen anderen Stellen – gute Gründe dafür, die göttliche Berufung des Ehemanns zu definieren als Hauptverantwortung für eine christusgleiche, dienende Führung seines Hauses und Schutz und Versorgung seiner Familie.

LEBEN MUSS GESCHÜTZT UND VERSORGT WERDEN

Noch etwas fällt über das Schützen und Versorgen auf: Diese beiden Aufgaben werden deshalb so hervorgehoben, weil sie so grundlegend sind. Ohne Schutz und Versorgung ist das Leben als solches bedroht. Wenn ein Mann hier in seiner Führungsverantwortung versagt, gibt es möglicherweise bald keine anderen Bereiche mehr, in denen er führen könnte. Das Leben seiner Familie hängt davon ab, dass er sie schützt und versorgt. Leben, das nicht beschützt und versorgt wird, hört auf zu existieren.

Schutz und Versorgung haben beide eine *körperliche* und eine *geistliche* Komponente. Sowohl körperliche als auch geistliche Nahrung muss zur Verfügung gestellt werden; Männer müssen das Leben ihrer Familien vor körperlichen und geistlichen Gefahren beschützen. Wir können also alles, wofür ein Ehemann in seiner Rolle als Haupt der Familie verantwortlich ist, mit diesen vier Schlagworten zusammenfassen:

1. körperliche Versorgung (wie Essen und Unterkunft);
2. geistliche Versorgung (wie das Wort Gottes und geistliche Führung, Anleitung und Ermutigung);

3. körperlicher Schutz (etwa vor aufdringlichen Menschen, Naturkatastrophen oder Krankheit);
4. geistlicher Schutz (wie Gebet, Warnungen und der Schutz des Zuhauses vor schlechten Einflüssen).

EINE ERMUTIGUNG UND EINE WARNUNG

Bevor wir gleich einige Beispiele ansehen, möchte ich noch eine Ermutigung und eine Warnung loswerden. Die *Ermutigung* richtet sich an die Männer.

Wenn das alles für Sie neu und überwältigend klingt, möchte ich Sie darauf hinweisen, dass Christus uns zu nichts beruft, wozu er uns nicht auch befähigt. Mein Vater erinnerte uns als Familie immer wieder an Philipper 4,13: »Alles vermag ich in dem, der mich kräftigt.« Ehemänner sind zu einigen sehr schwierigen Aufgaben berufen. Es ist nicht leicht, die Führung zu übernehmen. Das ist ein Teil dessen, was es bedeutet, Christ zu sein: »Nimm dein Kreuz auf und folge mir nach.« Aber immer, wenn Gott uns einen Auftrag gibt, verspricht er uns auch etwas: »Fürchte dich nicht, denn ich bin mit dir; schau nicht ängstlich umher, denn ich bin dein Gott; ich stärke dich, ja, ich helfe dir, ja, ich stütze dich mit der Rechten meiner Gerechtigkeit« (Jesaja 41,10). Lassen Sie sich davon ermutigen. Ich weiß, dass es schwer ist, zu führen. Aber Sie sind ein Mann. Wenn Ihnen Ihr *Vater* nicht beigebracht hat, wie man führt, wird es Ihr *himmlischer Vater* tun.

Meine *Warnung* richtet sich an die Frauen. Hüten Sie sich davor, von Ihrem Mann zu *fordern*, dass er die Führung übernimmt. Fordern bewirkt genau das Gegenteil von dem, was Sie sich wünschen. Es ist charakterlos und kontraproduktiv. Wenn Sie fordernd werden, kann er nicht mehr führen. Sollte Ihr Mann irgendeinen Anreiz gehabt haben, sich um einen aktiveren Führungsstil zu bemühen, wird Ihr Drängen ihm jede Motivation rauben. Schließlich führt er gerade dann *nicht* mehr, sondern ergibt sich nur noch Ihren Forderungen. Der Wunsch zu führen muss aus seinem Inneren kommen und von Gottes Wort und Geist in ihm geweckt werden.

Anstatt zu fordern, können Sie Folgendes tun: Beten Sie aufrichtig dafür, dass Gott wahre Männlichkeit in Ihrem Mann erweckt. Nutzen Sie einen Augenblick, in dem Sie weder müde noch wütend sind, und fragen Sie ihn, wann Sie beide allein über Ihre Herzenswünsche sprechen können. Wenn Sie dann aussprechen, wonach Sie sich sehnen, stellen Sie dabei keine Ultimaten. Ihre Hoffnung gründet sich auf Gott, nicht auf Menschen. Äußern Sie Anerkennung und Wertschätzung für jeden Bereich, für den er bereits die Verantwortung übernimmt.

BEISPIELE UND ERKLÄRUNGEN

Kommen wir nun zu einigen Beispielen und Erklärungen, wie Führung in jedem der vier oben genannten Bereiche aussehen kann. Ich habe die Beispiele bewusst eher kurz und anregend gehalten, statt zu versuchen, alle möglichen Fragen zu beantworten.

1. Geistliche Versorgung

Damit Sie Ihre Familie mit geistlicher Nahrung versorgen können, müssen Sie selbst Zugang dazu haben. Das heißt: Ein Mann muss sich mit aller Kraft nach Gott ausstrecken. Sie können nur dann geistlich leiten, wenn Sie selbst in Ihrer Gotteserkenntnis und Ihrer Liebe zu Gott wachsen. Wenn Sie Ihre eigene Seele mit dem

Wort Gottes ernähren, werden Sie sich danach sehnen, auch Ihre Frau und Ihre Kinder damit zu versorgen.

Laden Sie Ihre Frau und Ihre Kinder jeden Tag zu einer Familienandacht ein. Es ist ganz egal, wie Sie diese Zeit nennen: Familiengebet, Familienbibelzeit, Andacht oder noch anders. Entscheidend ist nicht der Name, sondern dass Sie dafür sorgen, dass Ihre Familie zusammenkommt. Wenn Ihnen Ideen für die inhaltliche Gestaltung fehlen, lassen Sie sich von anderen Christen inspirieren und erkundigen Sie sich, wie sie solche Zeiten gestalten. Oder fragen Sie Ihre Frau, was sie sich vorstellt. Sie müssen in dieser Sache kein Einzelkämpfer sein. Wissen Sie noch? Haupt zu sein heißt, die *Haupt*verantwortung zu übernehmen, nicht die *alleinige* Verantwortung. Ihre Frau – das hoffe ich jedenfalls – unterstützt Sie und hilft Ihnen jederzeit. Und in der Regel hat sie Gaben, die Sie nicht haben. Das, was Frauen sich zu Recht von ihren Männern wünschen, ist geistliche und moralische *Initiative*, nicht geistliche und moralische *Herrschaft*.

Denken Sie daran: Um gut zu führen, müssen Sie nicht intellektueller oder kompetenter sein als Ihre Frau. Führung meint nicht, dass Sie überlegen sind, sondern dass Sie die Initiative übernehmen. Es ist Ihre Aufgabe, darauf zu achten, dass Ihre Familie betet, die Bibel liest, zum Gottesdienst geht, geistliche und ethische Themen diskutiert, mit Gottes Wort und den vielfältigen Gnadenerweisen Gottes vertraut wird, Gott besser kennenlernt und Ihrem Vorbild in diesen Bereichen folgt.

2. Körperliche Versorgung

Der Ehemann trägt die Hauptverantwortung dafür, die Brötchen zu verdienen. Beide arbeiten, Mann und Frau. Das war zu jeder

Zeit so. Aber die Arbeit war in der Regel so verteilt, dass der Mann den Unterhalt verdiente und die Frau für das Haushaltsmanagement, die Gestaltung des Zuhauses und die Erziehung der Kinder zuständig war.

Das schließt überhaupt nicht aus, dass es bestimmte Lebensphasen gibt, in denen eine Frau außerhalb des Hauses arbeitet oder ein Mann im Haushalt mit anpackt. Aber ein Mann schadet sich selbst und setzt die falschen Signale für seine Frau und seine Kinder, wenn er sich nicht mit aller Kraft dafür einsetzt, dass genug zu essen auf dem Tisch steht. Er mag behindert sein oder aus irgendeinem Grund nicht in der Lage, seinen Herzenswunsch umzusetzen (möglicherweise geht er eine Zeit lang zur Schule, während seine Frau die Familie ernährt), aber es ist immer sein Herzensanliegen – das sein Körper nach Möglichkeit umsetzt –, mit Kopf und Händen für seine Frau und seine Kinder zu sorgen.

3. Geistlicher Schutz

Die geistlichen Gefahren, die Familien heute bedrohen, sind unzählig und heimtückisch. Wir brauchen tapferere Kämpfer als je zuvor, deren Waffen nicht Speer und Schild, sondern biblisches Urteilsvermögen und Mut heißen. Beten Sie jeden Tag für Ihre Familie: »Führe sie nicht in Versuchung, sondern errette sie von dem Bösen.« Kämpfen Sie im Gebet für Ihre Familie gegen den Teufel, die Welt und das Fleisch. Beten Sie für sie die Gebete, die Sie in der Bibel finden. Werden Sie nicht nachlässig. Gott hört und beantwortet die Gebete für unsere Frauen und Kinder.

Setzen Sie Maßstäbe für Ihre Frau und Ihre Kinder. Entwickeln Sie diese gemeinsam mit Ihrer Frau. Noch einmal: Führen heißt, die *Haupt*verantwortung zu übernehmen, nicht die *alleinige* Verantwortung. Frauen helfen an dieser Stelle sehr gerne, aber sie sind frustriert, wenn wir nicht in die Gänge kommen und es ihnen allein überlassen, Maßstäbe festzulegen und umzusetzen.

Bestimmen Sie mit, welche Fernsehprogramme erlaubt sind, welche Filme Sie und die Kinder sehen, welche Musik ihre Familie hört und wie tief der Ausschnitt Ihrer Tochter sein darf. Ein Vater hat einen wesentlichen Einfluss darauf, wie anständig die Kleidung seiner Tochter ist. Ich weiß, dass junge Frauen vor allem von ihren *Müttern* lernen, was anständig und schön ist. Aber sie brauchen auch *Väter*, die sie einerseits für ihr hübsches Aussehen rühmen und sie andererseits darauf hinweisen, wenn ihre Kleidung etwas anzeigt, das sie gar nicht ausdrücken möchten. Als Vater wissen Sie genau, was ich meine. Dazu brauchen Sie Mut, aber haben Sie keine Angst. Es geht um Ihre Tochter, und sie muss von *Ihnen* hören, was sie Männern mit ihrer Kleidung sagt.

Noch ein anderes Beispiel, wie Sie durch geistlichen Schutz führen können. Paulus sagt in Epheser 4,26-27: »Zürnt, und sündigt nicht. Die Sonne gehe nicht unter über eurem Zorn, und gebt nicht Raum dem Teufel.« Wenn Sie zu Bett gehen, bevor ein Streit geklärt ist (egal, ob mit den Kindern oder in der Ehe), öffnen Sie dem Teufel Tür und Tor zu Ihrem Haus. Führen bedeutet, dass Sie die ersten Schritte zur Versöhnung gehen müssen (vgl. Kapitel 13).

Ich möchte damit nicht sagen, dass Frauen sich niemals entschuldigen sollten. Aber erinnern wir uns noch einmal an Jesus, unser großes Vorbild in Sachen Führung: Er hat den ersten Schritt gemacht, um die Beziehung zwischen sich und uns wieder in Ordnung zu bringen. Er klammerte sich nicht an die Annehmlichkeit und Sicherheit seines himmlischen Thrones, sondern starb am Kreuz, um uns zu vergeben. Er ermöglichte Petrus einen Neuanfang, nachdem der ihn dreimal verleugnet hatte. Und er kommt auch immer wieder auf Sie zu, vergibt Ihnen und bietet Ihnen erneut die Freundschaft an.

Also, liebe Ehemänner, Ihre Aufgabe als Haupt heißt: Gehen Sie voran. Übernehmen Sie die Führung, egal, wer schuld war. Christus hat sich auch nicht davon aufhalten lassen, dass er nicht schuld war. Brechen Sie als Erster das Eis. Sagen Sie: »Es tut mir leid, ich möchte, dass es wieder gut wird.« Oder: »Können wir reden? Ich möchte, dass es zwischen uns wieder besser läuft.« Ab und zu mag Ihre Frau Ihnen damit zuvorkommen. Aber denken Sie ja nicht, dass Ihre Frau das erste versöhnende Wort sagen muss, weil der Streit ja ihre Schuld war. Es ist nicht einfach, das Haupt zu sein. Es ist der härteste, demütigendste Job auf der Welt. Aber tun Sie den Schritt und beschützen Sie Ihre Familie. Tun Sie alles, was in Ihrer Macht steht, um Frieden zu schließen, bevor die Sonne untergeht.

4. Körperlicher Schutz

Dieser Punkt ist zu offensichtlich, als dass es eine Illustration bräuchte, hoffe ich. Wenn Sie nachts ein Geräusch von unten hören und es ein Einbrecher sein könnte, sagen Sie nicht zu Ihrer Frau: »Das ist eine gleichberechtigte Ehe, deshalb ist es deine Aufgabe nachzusehen. Ich war letztes Mal schon dran.« Und das meine ich ernst – selbst wenn Ihre Frau den schwarzen Gürtel in Karate hat. Nachdem Sie versucht haben, den Einbrecher aufzuhalten, kann Ihre Frau ihn immer noch mit einem gut gezielten Tritt in die Magengrube außer Gefecht setzen. Aber währenddessen liegen Sie besser bewusstlos am Boden, sonst sind Sie kein Mann. Das, mein lieber Bruder, hat Gott, der Allmächtige, in unsere Seelen eingraviert. Groß oder klein, stark oder schwach, Nacht oder

Tag – Sie stellen sich dem Feind als Erster entgegen. Wehe den Männern (und wehe den Ländern), die ihre Frauen losschicken, um ihre Schlachten zu schlagen!

ZU UNSEREM BESTEN

Als Adam und Eva im Garten Eden gesündigt hatten und Gott sie zur Rechenschaft rief, war es egal, dass Eva zuerst gesündigt hatte. Gott sagte: »Adam, wo bist du?« (1. Mose 3,9). Und genauso spricht Gott noch heute die Familie an: »Adam, Ehemann, Vater, wo bist du?« Wenn im Hause Piper etwas falsch läuft und Jesus an unsere Tür klopft, mag er auch mit meiner Frau etwas zu klären haben, aber wenn sie die Tür öffnet, fragt er zuerst: »Ist der Mann des Hauses da?« So lief es in der ersten Ehe und so läuft es auch in unseren Ehen.

Wenn Sie als Mann voller Freude die gottgegebene Hauptverantwortung dafür übernehmen, Ihr Haus wie Christus als Diener zu führen und Ihre Familie zu schützen und zu versorgen – wenn Sie also für das geistliche Wohlergehen der Familie, die Disziplinierung und Erziehung der Kinder, die Verwaltung der Finanzen, ein regelmäßiges Einkommen und die Bereinigung von Unstimmigkeiten sorgen –, dann wird Ihre Frau niemals bereuen, Sie geheiratet zu haben. Denn alles, was Gott plant und erschafft, tut er zu seiner Ehre und zu unserem Besten.

»Gott gründet eine Ordnung, in der ihr die Ehe miteinander leben könnt. ›Ihr Frauen, seid untertan euren Männern in dem Herrn, wie sich's gehört. Ihr Männer, liebt eure Frauen‹ (Kolosser 3,18-19). Mit eurer Ehe gründet ihr ein Haus. Dazu bedarf es einer Ordnung, und diese Ordnung ist so wichtig, dass Gott selbst sie setzt, weil ohne sie alles aus den Fugen ginge. In allem seid ihr frei bei der Gestaltung eures Hauses, nur in einem seid ihr gebunden: Die Frau sei dem Manne untertan, und der Mann liebe seine Frau.«

Dietrich Bonhoeffer,
Widerstand und Ergebung, S. 36.

KAPITEL 8

FURCHTLOSE UNTERORDNUNG: DER WUNDERBARE VERTRAUENSBEWEIS

»Ebenso ihr Frauen, ordnet euch euren eigenen Männern unter, damit, wenn auch einige dem Wort nicht gehorchen, sie durch den Wandel der Frauen ohne Wort gewonnen werden mögen, indem sie euren in Furcht reinen Wandel angeschaut haben; deren Schmuck nicht der äußere sei durch Flechten der Haare und Umhängen von Goldschmuck oder Anziehen von Kleidern, sondern der verborgene Mensch des Herzens in dem unvergänglichen Schmuck des sanften und stillen Geistes, der vor Gott sehr kostbar ist. Denn so schmückten sich einst auch die heiligen Frauen, die ihre Hoffnung auf Gott setzten und sich ihren eigenen Männern unterordneten: wie Sara dem Abraham gehorchte und ihn Herr nannte, deren Kinder ihr geworden seid, wenn ihr Gutes tut und keinerlei Schrecken fürchtet.«

1. PETRUS 3,1-6

Nachdem wir uns zwei Kapitel lang mit der Aufgabe des Mannes als Haupt in der Ehe beschäftigt haben, kommen wir nun zum Part der Ehefrau: der Unterordnung. Es ist mir sehr wichtig, dass Sie – ob Mann oder Frau, Single oder verheiratet, alt oder jung – verstehen, dass dies eine große, edle, schöne und würdevolle Berufung ist, die der höchsten geistlichen und moralischen Anstrengung einer Frau würdig ist.

Bevor wir ins Thema einsteigen, möchte ich Sie noch einmal auf zwei Worte aus 1. Petrus 3,1 hinweisen: »Ebenso ihr Frauen, ordnet euch euren eigenen Männern unter …« Beachten Sie bitte das Wort »eigenen«. Das bedeutet: Petrus spricht hier von einer einzigartigen, ergänzenden Unterordnung unter den *eigenen* Mann, die nicht auf andere Männer übertragen werden kann. Sie müssen sich nicht allen Männern so unterordnen wie Ihrem Ehemann. Das zweite Wort sagt er am Anfang: »Ebenso ihr Frauen …« Diese Aufforderung an die Frauen steht in einem größeren Kontext, in dem *alle* Christen aufgefordert werden, sich verschiedenen Autoritäten unterzuordnen.

UNTERORDNUNG ALLER CHRISTEN

In 1. Petrus 2,13-17 fordert Petrus uns alle auf, uns »um des Herrn willen« zu unterwerfen, und zwar »jeder menschlichen Einrichtung …: es sei dem König als Oberherrn oder den Statthaltern als denen, die von ihm gesandt werden«. Auf heute übertragen: Haltet euch an die Geschwindigkeitsbegrenzungen, zahlt eure Steuern und verhaltet euch Polizisten und Regierungsvertretern gegenüber respektvoll. Dann zeigt er, was Unterordnung für verschiedene Gruppen konkret bedeutet:

In Kapitel 2,18-25 spricht Petrus die *Haussklaven*[18] in der Gemeinde an und ermahnt sie, sich ihren Herren respektvoll unterzuordnen, egal, ob diese freundlich oder überheblich sind.

In Kapitel 3,1-6 folgen die Anweisungen an die *Ehefrauen*, sich ihren Männern unterzuordnen, auch wenn die Männer nicht gläubig sind. Auf diesen Abschnitt wollen wir uns in diesem Kapitel konzentrieren.

In Vers 7 weist er die *Ehemänner* an, rücksichtsvoll mit ihren Frauen umzugehen, weil auch sie Erben des ewigen Lebens sind.

In Kapitel 3,8-12 wendet sich Petrus dann an die *gesamte Gemeinde* und fordert sie auf, einander mit Einigkeit, Mitgefühl, Liebe und Barmherzigkeit zu begegnen und nicht Böses mit Bösem zu vergelten. Anders ausgedrückt: Ordnet euch einander unter und dient einander.

Wie wir schon in Epheser 5 gesehen haben, ist Unterordnung also eine christliche Tugend, nach der wir alle streben sollten, und sie sieht in verschiedenen Beziehungen unterschiedlich aus. In diesem Kapitel konzentrieren wir uns auf die Beziehung einer Ehefrau zu ihrem Mann. Was bedeutet Unterordnung *hier*?

WAHRE WEIBLICHKEIT

Aber zuerst wollen wir einen kurzen Blick auf das eindrückliche Porträt der Weiblichkeit werfen, das Petrus mit seinen Worten für uns malt. Hier zeigt er die tiefen und starken Wurzeln der Weib-

---

18 Griech. *oiketai*.

lichkeit, die der Unterordnung zugrunde liegen und sie so kraftvoll und schön machen. Beginnen wir mit Vers 5:

> »Denn so schmückten sich einst auch die heiligen Frauen, die ihre Hoffnung auf Gott setzten und sich ihren eigenen Männern unterordneten …«

Das ist die tiefste Wurzel der christlichen Weiblichkeit – die *Hoffnung auf* Gott: »Frauen, die ihre Hoffnung auf Gott setzten«. Eine christliche Frau setzt ihre Hoffnung nicht auf ihren Ehemann oder darauf, einen Mann zu bekommen, auch nicht auf ihr Aussehen oder ihre Intelligenz oder Kreativität. Ihre Hoffnung gründet sich auf Gottes Versprechen. In Sprüche 31,25 wird eine solche Frau beschrieben: »Macht und Hoheit sind ihr Gewand, und so lacht sie des künftigen Tages.« Egal, was die Zukunft bringt: Sie kann lachen, denn sie hofft auf Gott.

Sie wendet ihren Blick ab von den Schwierigkeiten, Problemen und Hindernissen des Lebens, die die Freude an der Zukunft rauben wollen, und schaut auf die souveräne Kraft und Liebe Gottes, der im Himmel regiert und auf Erden tut, was er will (Psalm 115,3). Weil sie mit der Bibel vertraut ist, weiß sie, dass Gott allmächtig ist. Er hat versprochen, bei ihr zu sein, ihr zu helfen und sie in jeder Situation zu stärken. Das macht christliche Weiblichkeit aus. Solche Frauen hat Petrus in Vers 5 vor Augen. Er redet hier nicht über irgendwen. Er spricht von Frauen, die ihr Leben auf die souveräne Güte Gottes gründen – Frauen, die ein geheiligtes Leben führen und ihre Hoffnung auf Gott setzen.

FURCHTLOSIGKEIT

Diese Hoffnung auf Gott bringt ein zweites Kennzeichen der christlichen Weiblichkeit hervor: *Furchtlosigkeit*. In Vers 6 stellt Petrus Abrahams Frau Sara als Beispiel vor und nennt alle anderen christlichen Frauen ihre Töchter:

> »... deren Kinder ihr geworden seid, wenn ihr Gutes tut und keinerlei Schrecken fürchtet.«

Die christliche Frau fürchtet die Zukunft nicht, sondern lacht ihrer. Die Hoffnung auf Gottes unbezwingbare Souveränität vertreibt ihre Furcht. Oder, um es vorsichtiger und realistischer zu sagen: Die Töchter Saras stellen sich gegen die Ängstlichkeit, die sich in ihren Herzen ausbreiten will. Sie kämpfen gegen die Furcht und besiegen sie durch die Hoffnung auf Gottes Verheißungen.

Reife christliche Frauen wissen, dass es Leid mit sich bringen kann, wenn man Christus nachfolgt (2. Timotheus 3,12). Aber sie vertrauen auf Zusagen wie in 1. Petrus 3,14: »Aber wenn ihr auch leiden solltet um der Gerechtigkeit willen, glückselig seid ihr! Fürchtet aber nicht ihre Furcht, noch seid bestürzt ...« Und in 1. Petrus 4,19 lesen wir: »Daher sollen auch die, die nach dem Willen Gottes leiden, einem treuen Schöpfer ihre Seelen anbefehlen im Gutestun.« Genau das tun christliche Frauen: Sie vertrauen ihr Leben einem treuen Schöpfer an, hoffen auf Gott und triumphieren über die Furcht.

INNERE SCHÖNHEIT

Das führt uns zum dritten Merkmal der Weiblichkeit, das Petrus aufzählt: Innere Schönheit ist wichtiger als die äußere. 1. Petrus 3,5 beginnt mit den Worten: »Denn so schmückten sich einst auch die heiligen Frauen ...« Mit dem Wort »so« bezieht Petrus sich auf das, was er in den Versen 3-4 beschrieben hat:

> »... deren Schmuck nicht der äußere sei durch Flechten der Haare und Umhängen von Goldschmuck oder Anziehen von Kleidern, sondern der verborgene Mensch des Herzens in dem unvergänglichen Schmuck des sanften und stillen Geistes, der vor Gott sehr kostbar ist.«

Natürlich bedeutet das nicht, dass Schmuck und Haarstyling generell verboten wären. Dann dürften christliche Frauen ja auch keine Kleidung tragen, weil es heißt: »deren Schmuck nicht der äußere sei durch ... Anziehen von Kleidern«. Es heißt ganz einfach: Verwendet nicht den Großteil eurer Aufmerksamkeit und eurer Energie auf euer Aussehen, sondern konzentriert euch auf die Schönheit, die von *innen* kommt.

In Vers 4 zeigt Petrus ganz konkret, wie das geht. Wenn eine Frau ihre Hoffnung auf Gott setzt (und nicht auf ihren Ehemann oder ihr Aussehen) und ihre Furcht durch Gottes Versprechen überwindet, dann hat das eine Auswirkung auf ihr Herz: Sie wird innerlich ruhig. Das meint Petrus in Vers 4 mit dem »sanften und stillen Geist«.

EINZIGARTIGE UNTERORDNUNG

Nun bleibt noch ein Kennzeichen in diesem wunderschönen Bild der Weiblichkeit zu betrachten. Wir haben festgestellt: Die Hoffnung auf Gott führt zur Furchtlosigkeit gegenüber der Zukunft, egal, was diese bringen mag, und daraus folgt innere Ruhe und Sanftmut.

Diese innere Einstellung äußert sich nun in einer einzigartigen Unterordnung unter den eigenen Ehemann. Das ist der Hintergrund, vor dem Petrus Frauen auffordert, sich ihren Männern unterzuordnen. (Vers 1: »Ebenso ihr Frauen, ordnet euch euren eigenen Männern unter«, und Vers 5: »Denn so schmückten sich einst auch die heiligen Frauen, die … sich ihren eigenen Männern unterordneten«.)

VERACHTETE SCHÖNHEIT

Es ist wirklich traurig: In unserer Gesellschaft (und sogar in der Gemeinde) werden die unterschiedlichen und sich ergänzenden Aufgaben von Mann und Frau in der Regel verachtet oder einfach komplett übergangen. Einige tun Führung und Unterordnung als vorchristliche kulturelle Überbleibsel aus dem 1. Jahrhundert ab. Andere verdrehen und missbrauchen sie – ich habe ja schon von dem Ehemann erzählt, für den Unterordnung bedeutete, dass seine Frau nicht ohne seine Erlaubnis von einem Raum in den anderen gehen durfte. Wegen solch krankhafter Fehldeutungen erscheint es manchen leichter, einfach einen Bogen um die entsprechenden Bibeltexte zu machen.

Aber Führung und Unterordnung sind tatsächlich gottgewollt und wunderschön. Wenn sie wie von Gott gedacht ausgelebt werden (wenn sich Mann und Frau also gegenseitig dienen, ohne die Realität von Führung und Unterordnung zu leugnen), dann entsteht ein wunderbares und zutiefst erfüllendes Zusammenspiel.

WAS UNTERORDNUNG NICHT IST

1. Petrus 3,1-6 gibt uns sechs Hinweise, was Unterordnung *nicht* ist:

1. Unterordnung bedeutet nicht, dass Sie Ihrem Ehemann in allem zustimmen müssen.

Das sehen wir in Vers 1: Die Frau ist gläubig, der Mann nicht. Er hat eine bestimmte Sicht auf die Wirklichkeit, sie eine andere. Petrus fordert die Frau auf, sich unterzuordnen, aber nicht, die Sichtweise ihres Mannes in Bezug auf das wichtigste Thema zu übernehmen: Gott. Unterordnung kann also nicht bedeuten, allem zuzustimmen, was der Ehemann denkt.

2. Unterordnung bedeutet nicht, dass Sie Ihr Denkvermögen oder Ihren eigenen Willen am Traualtar abgeben müssen.

Sich unterzuordnen heißt nicht, unfähig zu eigenständigem Denken zu sein oder diesem kritisch gegenüberzustehen. Petrus beschreibt eine Frau, die das Evangelium von Jesus Christus gehört hat. Sie hat darüber nachgedacht und den Wahrheitsanspruch Jesu beurteilt, seine Schönheit und den Wert seines Opfers erkannt und sich für ihn entschieden. Ihr Mann hat das Evangelium auch gehört. Sonst würde Petrus wohl nicht sagen: »wenn auch einige dem Wort nicht gehorchen«. Er hat darüber nachgedacht und sich gegen Christus entschieden. Sie hat selbstständig nachgedacht und gehandelt, und Petrus fordert sie nicht auf, von dieser Entscheidung Abstand zu nehmen.

3. Unterordnung bedeutet nicht, dass Sie nicht versuchen dürften, Ihren Ehemann zu ändern.

In diesem Text geht es vor allem darum, einer Frau zu zeigen, wie sie ihren Ehemann gewinnen kann. In Vers 1 lesen wir: »… ordnet euch euren eigenen Männern unter, damit, wenn auch einige dem Wort nicht gehorchen, sie durch den Wandel der Frauen ohne Wort gewonnen werden mögen …« Wer die Bibel nicht kennt, könnte meinen, dass Unterordnung bedeutet, einen Mann so nehmen zu müssen, wie er eben ist, ohne versuchen zu dürfen, ihn zu ändern. Aber wenn wir uns an die Bibel halten, kommen wir zu dem Schluss, dass Unterordnung paradoxerweise manchmal eine Strategie sein kann, den Mann zu ändern.

4. Unterordnung heißt nicht, den Willen des Mannes über den Willen Christi zu stellen.

Petrus lehrt ganz klar: Eine gläubige Frau folgt in erster Linie Jesus nach und erst dann ihrem Mann. Die Unterordnung unter Jesus relativiert die Unterordnung unter Ehemänner (und Regierungen, Arbeitgeber und Eltern). Sara nennt Abraham in Vers 6 zwar »Herr«, aber nicht im Sinn eines absoluten Herrn oder Herrschers. Petrus bezieht sich hier auf 1. Mose 18,12: »Und Sara lachte in ihrem Innern und sprach: Nachdem ich alt geworden bin, sollte ich Lust empfinden? Und mein Herr ist ja alt!«

Erstaunlicherweise übergeht Petrus die bedeutendste Begebenheit, in der Sara sich unterordnete: In Ägypten verlangt Abraham von ihr, dass sie sich als seine Schwester ausgibt. Sie gehorcht und riskiert damit ihr Leben und sexuellen Missbrauch. Petrus hat seine Aussage nicht mit dieser Situation belegt. Ich vermute, dass er sie nicht als beispielhaft darstellen wollte. Abraham liebte Sara in diesem Augenblick nicht so, wie er sollte. Stattdessen wählt Petrus eine Situation, in der Sara Abraham nur nebenbei als »Herrn« bezeichnet. Es war wirklich nur eine Nebenbemerkung, gar nicht für Abrahams Ohren bestimmt; sie redete mit sich selbst. Dadurch erkennen wir ihre Herzenseinstellung: Sie ehrt ihn selbst dann, wenn niemand zuhört. Weil ihre Loyalität zuerst Gott als dem wahren Herrn gilt, kann sie auch ihren Mann auf gute Art als Herrn anerkennen.[19]

5. Unterordnung bedeutet nicht, dass eine Frau ihre persönliche und geistliche Stärke in erster Linie von ihrem Mann bezieht.

Ein guter Ehemann sollte seine Frau zwar stärken, ermutigen und unterstützen und eine Kraftquelle für sie sein. Aber 1. Petrus 3 zeigt, dass die Stärke einer christlichen Frau nicht davon abhängt, ob und wie gut ihr Ehemann geistlich führt. Unterordnung heißt nicht, dass sie auf ihn angewiesen wäre, um in Glauben, Tugend und Charakter zu wachsen. Diese Eigenschaften soll sie nicht *aus* ihrem Ehemann entwickeln, sondern *für* ihn. Wir haben in Vers 5 gesehen: Die gläubige Frau setzt ihre Hoffnung auf Gott und auf seine Fähigkeit, eines Tages auch Glauben in ihrem Mann zu wecken.

6. Unterordnung bedeutet nicht, dass eine Frau aus Furcht handeln soll.

In Vers 6 lesen wir: »... deren [Saras] Kinder ihr geworden seid, wenn ihr Gutes tut und keinerlei Schrecken fürchtet.« Das heißt:

---

19 Anmerkung des Übersetzers: Der Autor stellt hier die englischen Anreden »m'lord« und »sir« dem großgeschriebenen »Lord« gegenüber, welche im Deutschen alle mit »Herr« übersetzt werden. Die beiden ersten Anreden sind eine angemessene Ehrenbekundung gegenüber einem Menschen, während das gewichtigere »Lord« alleine Gott gehört.

Unterordnung ist freiwillig, nicht erzwungen. Die christliche Frau ist eine freie Frau. Wenn sie sich ihrem Mann unterordnet – ob er nun Christ ist oder nicht –, tut sie das aus freien Stücken, nicht aus Furcht.

WAS UNTERORDNUNG IST

Das alles ist also keine Unterordnung – was also dann? Auf der Grundlage von Epheser 5 habe ich am Ende von Kapitel 6 vorgeschlagen:

> *Unterordnung* ist die göttliche Berufung einer Ehefrau, die Führung ihres Mannes zu ehren und zu bestätigen und ihm durch ihre Gaben zu helfen, diese auszuüben.

Das können wir jetzt bestätigen. Unterordnung ist die Bereitschaft, der Autorität des Ehemannes zu folgen und seine Führung anzunehmen. Es ist eine Einstellung, die sagt: »Es freut mich, dass du die Initiative in unserer Familie übernimmst. Ich bin froh, dass du deine Verantwortung wahrnimmst und mit Liebe leitest. Ich könnte in unserer Beziehung nicht aufblühen, wenn du passiv wärst und ich allein dafür sorgen müsste, dass die Familie läuft.«

Aber Unterordnung folgt dem Mann nicht in die Sünde. Sollte er sie zur Sünde verführen wollen, kann sie sagen: »Es macht mich traurig, wenn du dir sündige Handlungen erlaubst und auch noch möchtest, dass ich mitmache. Du weißt, dass ich das nicht tun kann. Eigentlich möchte ich mich dir nicht widersetzen. Ganz im Gegenteil: Mir geht es am besten, wenn ich deiner Führung voller Freude folgen kann; aber ich kann dir nicht in die Sünde folgen, so sehr ich deine Führung in unserer Ehe respektieren möchte. Mein König ist Christus.«

Ich sage bewusst, dass Unterordnung eine grundlegende *Bereitschaft* ist, der Führung des Ehemannes zu folgen, weil es in jeder christlichen Ehe Situationen gibt, in denen selbst die gehorsamste Frau aus gutem Grund zögert, einer Entscheidung ihres Mannes zu folgen. Diese Entscheidung mag in ihren Augen sehr unweise sein. Angenommen, es geht um Noël und mich. Ich entscheide etwas für unsere Familie, was ihr unsinnig erscheint. In einer solchen Situation könnte Noël mir ihre Unterordnung mit diesen Worten zeigen: »John, ich weiß, dass du lange darüber nachgedacht hast, und ich liebe es, wenn du für uns planst und die Initiative und Verantwortung übernimmst. Aber diese Entscheidung halte ich wirklich nicht für klug, und ich denke, wir sollten noch einmal darüber reden. Können wir das tun? Vielleicht irgendwann heute Abend?«

Das ist tatsächlich Unterordnung im biblischen Sinn:

1. Weil Ehemänner, im Unterschied zu Christus, fehlbar sind und das auch zugeben sollten.
2. Weil Ehemänner das Ziel haben sollten, dass ihre Frauen sich über ihre Entscheidungen für die Familie freuen, so wie Christus möchte, dass die Gemeinde seinen Entscheidungen gerne folgt und nicht mürrisch.
3. Weil Noël durch ihre Worte deutlich ausgedrückt hat, dass sie meine Führung bejaht und mich in meiner Rolle als Oberhaupt bestätigt.
4. Weil sie mir von Beginn unserer Ehe an klar gesagt hat, dass sie sich – wenn wir wirklich alles durchgesprochen haben und dann immer noch nicht einer Meinung sind – der Entscheidung ihres Mannes fügen wird.

GOTTES WEG FÜR UNS IST GUT

Am Ende dieses Kapitels möchte ich noch einmal daran erinnern, dass es in einer Ehe nicht in erster Linie darum geht, verliebt zu bleiben. Es geht darum, einen Bund zu halten, weil Gott die Beziehung zwischen einem Mann und seiner Frau so eingerichtet hat, dass sie die Beziehung zwischen Christus und der Gemeinde abbildet. Das ist die tiefste Bedeutung der Ehe und deshalb sind auch Führung und Unterordnung in einer Ehe so wichtig. Wenn unsere Ehen die Wahrheit über Christus und die Gemeinde erzählen sollen, dürfen wir die biblischen Aufgaben von Mann und Frau nicht einfach ignorieren. Gott möchte der Gemeinde (und der christlichen Frau, die sie in der Ehe repräsentiert) ewige, heilige Freude schenken. Dafür hat er mit dem Leben seines Sohnes bezahlt.

»Das ist von Anfang an so; das Kreuz ist nicht das schreckliche Ende eines frommen, glücklichen Lebens, sondern es steht am Anfang der Gemeinschaft mit Jesus Christus. Jeder Ruf Christi führt in den Tod.«

Dietrich Bonhoeffer,
Nachfolge, S. 81.

»›Seid fröhlich und getrost, es wird euch im Himmel wohl belohnt werden‹ (Matthäus 5,12). Da stehen die Armen im Freudensaal. Gott selbst wischt den Weinenden die Tränen der Fremde ab, er speist die Hungrigen mit seinem Abendmahl. Die verwundeten und gemarterten Leiber stehen verklärt da, und statt der Kleider der Sünde und Buße tragen sie das weiße Kleid der ewigen Gerechtigkeit. Aus dieser ewigen Freude dringt schon hier ein Ruf zu der Gemeinde der Nachfolgenden unter dem Kreuz, der Ruf Jesu: selig, selig.«

Dietrich Bonhoeffer,
Nachfolge, S. 109-110.

KAPITEL 9

SINGLE FÜR CHRISTUS: EIN NAME, BESSER ALS SÖHNE UND TÖCHTER

»So spricht der HERR: Wahrt das Recht und übt Gerechtigkeit! Denn meine Rettung ist bereit zu kommen, und meine Gerechtigkeit, offenbart zu werden. Glückselig der Mensch, der dies tut, und das Menschenkind, das hieran festhält: der den Sabbat hält, dass er ihn nicht entweihe, und seine Hand davor bewahrt, irgendetwas Böses zu tun! Und der Sohn der Fremde, der sich dem HERRN angeschlossen hat, spreche nicht und sage: Der HERR wird mich sicherlich von seinem Volk ausschließen; und der Verschnittene sage nicht: Siehe, ich bin ein dürrer Baum. Denn so spricht der HERR: Den Verschnittenen, die meine Sabbate halten und das erwählen, woran ich Gefallen habe, und an meinem Bund festhalten, ihnen will ich in meinem Haus und in meinen Mauern einen Platz geben und einen Namen, besser als Söhne und Töchter: Einen ewigen Namen werde ich ihnen geben, der nicht ausgerottet werden soll. Und die Söhne der Fremde, die sich dem HERRN angeschlossen haben, um ihm zu dienen und den Namen des HERRN zu lieben, ihm zu Knechten zu sein – jeden, der den Sabbat hält, dass

er ihn nicht entweihe, und die an meinem Bund festhalten: die werde ich zu meinem heiligen Berg bringen und sie erfreuen in meinem Bethaus; ihre Brandopfer und ihre Schlachtopfer sollen wohlgefällig sein auf meinem Altar. Denn mein Haus wird ein Bethaus genannt werden für alle Völker.«

JESAJA 56,1-7

Warum schreibe ich in einem Buch über die Ehe ein Kapitel über Ehelosigkeit? Erstens, damit Verheiratete die Ehe nicht vergöttern und für wichtiger halten, als sie tatsächlich ist, und zweitens, weil auch einige Alleinstehende dieses Buch lesen werden. Ich wünsche mir, dass sie das große Ganze sehen und erkennen, wie sich Ehelosigkeit und Ehe zueinander verhalten und was jede dieser Lebensformen mit Gottes größeren Absichten zu tun hat. Drittens hoffe ich, dass Verheiratete sich ebenso wie Unverheiratete immer mehr als Teil der einen großen Familie sehen, die wichtiger ist als alle anderen Familien. Vater-Mutter-Kind-Familien gehören zu den vergänglichen Freuden, die Gott uns in diesem Zeitalter schenkt. In der Ewigkeit wird es sie nicht mehr geben (Matthäus 22,23-30). Aber die Familie der Gemeinde wird für immer bestehen. Daraus können wir viel darüber ableiten, wie Singles und Verheiratete übereinander denken und miteinander umgehen sollten.

Meine Hauptthese in diesem Kapitel lautet:

> Gott verspricht denen, die um Christi willen unverheiratet bleiben, etwas viel Besseres als die Segnungen in Form von Ehe und Kindern.

Wenn Sie Ihre Ehelosigkeit voller Hingabe an Christus leben, können Sie folgende Tatsachen über Christus und sein Reich viel besser darstellen als jemand, der einen Ehepartner und Kinder hat:

1. Die Familie Gottes wächst nicht durch leiblichen Nachwuchs, sondern dadurch, dass Menschen durch den Glauben an Christus neu gemacht werden.[20]
2. Beziehungen unter Christen sind dauerhafter und wertvoller als Familienbeziehungen. (Es ist natürlich wunderbar, wenn Familienbeziehungen auch Beziehungen unter Christen sind, aber das ist ja leider oft nicht der Fall.)
3. Die Ehe ist zeitlich begrenzt und muss schließlich der Beziehung zwischen Christus und der Gemeinde weichen, auf die sie die ganze Zeit hingedeutet hat. Wenn wir dieses Wunder mit unseren eigenen Augen sehen, wird seine Abbildung überflüssig.
4. Die Treue zu Christus bestimmt den Wert unseres Lebens; alle anderen Beziehungen gewinnen ihre wahre Bedeutung daraus. Familienbeziehungen sind nie perfekt, die Beziehung zu Christus schon.

Gott verspricht allen, die um seinetwillen ehelos bleiben, sie auf spektakuläre Art und Weise zu segnen, und er beruft sie zu einem außergewöhnlichen Leben. Wer um Christi willen Single bleibt, verpasst also nicht das Beste, sondern führt gemeinsam mit vielen anderen ein Leben, das Christus verherrlicht und ihm die Treue hält.

---

20 Dieser Gedanke lehnt sich stark an Barry Danylak, *A Biblical Theology of Singleness*, Cambridge 2007 (Grove Books Limited), S. 13-16, an. Dieses Buch entstand als Nebenprodukt seiner Doktoralstudien an der Cambridge University. Mein Kapitel basiert größtenteils auf seinem Denkansatz zum Ledigsein in der Bibel.

WERTVOLLER ALS SÖHNE UND TÖCHTER

Gehen wir einen Schritt zurück und schauen in die Bibel. Zuerst Jesaja 56,4-5:

> »Denn so spricht der HERR: Den Verschnittenen, die meine Sabbate halten und das erwählen, woran ich Gefallen habe, und an meinem Bund festhalten, ihnen will ich in meinem Haus und in meinen Mauern einen Platz geben und einen Namen, besser als Söhne und Töchter: Einen ewigen Namen werde ich ihnen geben, der nicht ausgerottet werden soll.«

Gott verspricht, gehorsame Verschnittene mit Segnungen zu beschenken, die viel mehr wert sind als Söhne und Töchter. Etwas moderner ausgedrückt: Gott verspricht, jedem, der um Christi willen unverheiratet bleibt, viel mehr zu schenken als Ehe und Kinder.

NACHWUCHS IM BUNDESVOLK

Lassen Sie uns einen Blick auf die Zusammenhänge werfen, um die Bedeutung dieses Versprechens zu verstehen. Zur Zeit der *Schöpfungsordnung* (die Gott vor dem Sündenfall einsetzte) und der *Bundesordnung* (die Gott für das jüdische Volk von Abraham bis zum Kommen Christi eingerichtet hatte) bestand Gottes Volk größtenteils aus einem ethnischen Volk und wuchs durch leibliche Fortpflanzung. Es war also extrem wichtig, dass die Menschen heirateten und Kinder zeugten – zum einen, weil so ihr eigener Name und ihr Vermächtnis weiterlebte, aber vor allem auch, weil sie damit sicherstellten, dass Gottes Bundesvolk fortbestand.

Deshalb lautet der erste Auftrag, den Gott Adam und Eva in 1. Mose 1,28 gibt: »Seid fruchtbar und mehrt euch und füllt die Erde und macht sie euch untertan.« Und in 1. Mose 2,18 lesen wir, dass Gott vor der Erschaffung der Frau sagt: »Es ist nicht gut, dass der Mensch allein sei; ich will ihm eine Hilfe machen, die ihm entspricht.«

Als Gott Abraham als Stammvater für Gottes Volk auserwählt, führt er ihn nach draußen, zeigt ihm die Sterne und sagt: »So wird deine Nachkommenschaft sein!« (1. Mose 15,5). Weil Abraham aber wegen Saras Unfruchtbarkeit keinen Sohn mit seiner Frau bekommen kann, bittet er Gott: »Möge doch Ismael vor dir leben!« Aber Gott antwortet ihm: »Doch! Sara, deine Frau, wird dir einen Sohn gebären« (1. Mose 17,18-19). Es kam also auf die leiblichen Nachkommen an. Und Gott sorgte selbst dafür, dass diese tatsächlich vorhanden waren.

Ähnliches bestätigt Gott Isaak in 1. Mose 26,3: »... ich werde mit dir sein und dich segnen; denn dir und *deinen Nachkommen* werde ich alle diese Länder geben, und ich werde den Eid aufrechterhalten, den ich deinem Vater Abraham geschworen habe.« Auch hier sind die leiblichen Nachkommen von entscheidender Bedeutung für den Bund mit Gott.

UM DES ANDENKENS WILLEN

Doch Nachkommen waren nicht nur im Hinblick auf den Bund mit Gott wichtig. Wenn ein Mensch keine Kinder hatte, starb mit ihm auch die Erinnerung an ihn. Deshalb bittet Saul David, um seines Andenkens willen seine Nachkommen nicht umzubringen: »So schwöre mir nun bei dem HERRN, dass du meine Nachkommen nach mir nicht ausrotten und meinen Namen nicht vertilgen willst aus dem Haus meines Vaters!« (1. Samuel 24,22).

Aus dem gleichen Grund gab es das komplizierte System der *Leviratsehe*: Ein Mann heiratete die Frau seines verstorbenen Bruders, damit der Name des Toten nicht in Vergessenheit geriet. Der erstgeborene Sohn aus dieser neuen Ehe musste den Namen des toten Bruders erhalten: »Der Erstgeborene, den sie gebiert, soll nach dem Namen seines verstorbenen Bruders genannt werden, damit dessen Name nicht ausgelöscht werde in Israel« (5. Mose 25,6). Das war eine beeindruckende Vorschrift, mit der durch Nachwuchs der Fortbestand einer Sippe gesichert wurde.

Das berühmteste Beispiel dafür ist Boas, der einwilligt, Ruth zu heiraten, um den Namen ihres Schwiegervaters Elimelech und ihres Mannes Machlon zu erhalten. Boas sagt: »Und auch Ruth, die Moabiterin, die Frau Machlons, habe ich mir zur Frau gekauft, um den Namen des Verstorbenen auf seinem Erbteil zu erwecken, damit nicht der Name des Verstorbenen ausgerottet werde unter seinen Brüdern und aus dem Tor seines Ortes. Ihr seid heute Zeugen!« (Ruth 4,10).

An diesen Beispielen sehen wir, wie wichtig Ehe und Kinder und der Fortbestand des Namens und Erbes einer Person in Israel waren. Kein Wunder, dass Jephtas Tochter um zwei Trauermonate bat – sie wollte nicht ihren Tod beweinen, sondern dass sie niemals heiraten würde: »Und sie sprach zu ihrem Vater: Es geschehe mir diese Sache: Lass zwei Monate von mir ab, dass ich hingehe und auf die Berge hinabsteige und meine Jungfrauschaft beweine, ich und meine Freundinnen. Und er sprach: Geh hin« (Richter 11,37-38).

JESAJAS PROPHEZEIUNG: »ER WIRD NACHKOMMEN HABEN«

Vor diesem Hintergrund klingt die Verheißung in Jesaja 56,4-5 für Verschnittene und andere Ehe- und Kinderlose noch viel bedeutsamer:

> »Denn so spricht der HERR: Den Verschnittenen, die meine Sabbate halten und das erwählen, woran ich Gefallen habe, und an meinem Bund festhalten, ihnen will ich in meinem Haus und in meinen Mauern einen Platz geben und einen Namen, besser als Söhne und Töchter: Einen ewigen Namen werde ich ihnen geben, der nicht ausgerottet werden soll.«

Diese Verschnittenen, die den Bund mit Gott halten, bekommen auch ohne Ehe und Kinder einen Namen und ein Erbe, »besser als Söhne und Töchter«.

In Jesaja 53 sehen wir, was die Grundlage dieser großen Verheißung ist und worauf sie sich bezieht. Dort steht die großartige Prophetie über die Leiden Christi: »Doch um unserer Übertretungen willen war er verwundet, um unserer Ungerechtigkeiten willen zerschlagen« (Vers 5). Wir übersehen manchmal die Worte in Vers 10: »Doch dem HERRN gefiel es, ihn zu zerschlagen, er hat ihn leiden lassen. Wenn seine Seele das Schuldopfer gestellt haben wird, *so wird er Samen sehen*, er wird seine Tage verlängern; und das Wohlgefallen des HERRN wird in seiner Hand gedeihen.«

Was für eine wunderbare Zusage: Der Messias stirbt als »Schuldopfer« und wird, wieder auferstanden, »seine Tage verlängern«. Durch sein Erlösungswerk bringt er viele Kinder hervor: Er wird »Samen sehen«. Das *neue* Volk Gottes, das der Messias zusammenstellt, beruht nicht auf körperlicher Fortpflanzung, sondern auf dem Versöhnungstod Christi.

Deshalb beginnt das nächste Kapitel (Jesaja 54) mit den Worten: »Juble, du Unfruchtbare, die nicht geboren, brich in Jubel aus und jauchze, die keine Wehen gehabt hat! Denn die Kinder der Vereinsamten sind zahlreicher als die Kinder der Vermählten, spricht der HERR« (Jesaja 54,1). Und deshalb steht in Jesaja 56,5 auch, dass Gott den Menschen des Bundes »einen Platz geben« wird und »einen Namen, besser als Söhne und Töchter: Einen ewigen Namen ..., der nicht ausgerottet werden soll«.

JESUS, PAULUS UND PETRUS

Kommen wir zum Neuen Testament. *Jesus* betont immer wieder, dass sein Volk – das wahre Volk Gottes – nicht durch *leiblichen* Nachwuchs, sondern durch *geistliche* Erneuerung gebildet wird. Er sagt beispielsweise zu Nikodemus: »Wahrlich, wahrlich, ich sage dir: Wenn jemand nicht von Neuem geboren wird, so kann er das Reich Gottes nicht sehen« (Johannes 3,3).

Und *Paulus* wendet sich in Galater 3 an Juden und Heiden: »Die aus Glauben sind, diese sind Abrahams Söhne. ... Denn ihr alle seid Söhne Gottes durch den Glauben an Christus Jesus« (Galater 3,7.26). Es ist also nicht die leibliche *Abstammung* von Abraham, die einen Menschen zu einem Teil von Gottes Bundesvolk macht, sondern der *Glaube* an Christus.

Petrus sagt, dass unser Vermächtnis nichts damit zu tun hat, ob wir verheiratet sind und Kinder haben, sondern allein davon abhängt, dass Jesus auferstanden ist und wir wiedergeboren sind: »Gepriesen sei der Gott und Vater unseres Herrn Jesus Christus, der nach seiner großen Barmherzigkeit uns *wiedergezeugt* hat zu einer lebendigen Hoffnung durch die Auferstehung Jesu Christi aus den Toten, zu einem unverweslichen und unbefleckten und unverwelklichen Erbteil, das in den Himmeln aufbewahrt ist für euch« (1. Petrus 1,3-4).

Also sagen Jesus, Paulus und Petrus einstimmig: In Gottes Familie bekommt man Kinder und Erben nicht durch Ehe und Fortpflanzung, sondern durch Glauben und Wiedergeburt. Das bedeutet: Christliche Singles sind überhaupt nicht benachteiligt, wenn es darum geht, Kinder für Gott zu zeugen, sondern haben in mancherlei Hinsicht sogar große Vorteile.

Der Apostel Paulus, der um Christi willen ehelos blieb, sagt über die Menschen, die er zum Glauben geführt hat: »Denn wenn ihr zehntausend Erzieher in Christus hättet, so doch nicht viele Väter; denn in Christus Jesus habe ich euch gezeugt durch das Evangelium« (1. Korinther 4,15). Paulus war also ein großartiger Vater, obwohl er nie geheiratet hat. Und klingen seine Worte in 1. Thessalonicher 2,7 nicht wunderschön für unverheiratete christliche Frauen? »… wir sind in eurer Mitte zart gewesen, wie eine nährende Frau ihre eigenen Kinder pflegt.« So kann auch von vielen christlichen Singlefrauen gesagt werden: »Sie war eine großartige Mutter, auch wenn sie nie geheiratet hat.«

EINE NEUE BEZIEHUNGSORDNUNG

Das ist eine radikale Aussage, die wir nicht herunterspielen sollten. Es geht mir nicht darum, die Ehelosigkeit zu verklären, damit Alleinstehende sich besser fühlen. Aber Ehe und Familie sind einfach vergänglich und zweitrangig gegenüber dem ewigen und vorrangigen Wesen der Gemeinde. Mit diesem Zeitalter werden auch Ehe und Familie vergehen, aber die Gemeinde besteht für immer. Die radikale biblische Wahrheit lautet: Ewig gesegnet sind wir *nicht*, wenn wir Ehepartner oder Kinder haben, *sondern* wenn wir zu Gottes Familie gehören. Familienbeziehungen sind *vergänglich*; Beziehungen, die auf der Einheit mit Christus beruhen, sind *ewig*. Die Ehe ist eine zeitlich begrenzte Institution, aber sie steht für etwas, das für immer Bestand hat. »Denn in der Auferstehung«, sagt Jesus, »heiraten sie nicht noch werden sie verheiratet, sondern sie sind wie Engel Gottes im Himmel« (Matthäus 22,30).

Als seine eigene Mutter und seine Brüder ihn sehen wollen, sagt Jesus: »Wer ist meine Mutter, und wer sind meine Brüder? Und er streckte seine Hand aus über seine Jünger und sprach: Siehe da, meine Mutter und meine Brüder« (Matthäus 12,48-49).

Jesus stellt alles auf den Kopf. Ja, er liebte seine Mutter und seine Brüder. Aber das sind natürliche und vergängliche Beziehungen. Dafür kam er nicht in diese Welt. Er kam, um Menschen in seinem Namen aus allen Familien der Erde in eine neue Familie zu rufen. In dieser neuen Familie sind diejenigen, die um Christi willen allein bleiben, vollwertige Familienmitglieder und ebenbürtig mit allen anderen, bringen Frucht für Gott und werden zu Müttern und Vätern im ewigen Sinne.

»Glückselig der Leib, der dich getragen, und die Brüste, die du gesogen hast!«, rief eine Frau Jesus zu. Er drehte sich um zu ihr und erwiderte: »Ja, vielmehr glückselig die, die das Wort Gottes hören und bewahren!« (Lukas 11,27-28). Ein gehorsamer Christ ist eine »Mutter Gottes« – verheiratet oder unverheiratet! Atmen Sie einmal tief durch und ordnen Sie Ihr Weltbild neu.

Jesus sagt auch: »Es ist niemand, der Haus oder Brüder oder Schwestern oder Mutter oder Vater oder Kinder oder Äcker verlassen hat um meinet- und um des Evangeliums willen, der nicht hundertfach empfängt, jetzt in dieser Zeit Häuser und Brüder und Schwestern und Mütter und Kinder und Äcker unter Verfolgungen, und in dem kommenden Zeitalter ewiges Leben« (Markus 10,29-30). Egal, ob Sie ehelos oder verheiratet sind – wollen Sie Kinder, Mütter, Brüder, Schwestern, Äcker? Dann hören Sie auf, Ihren natürlichen Beziehungen den Vorrang zu geben, und folgen Sie Jesus in die Gemeinschaft des Gottesvolkes.

VERSCHNITTEN FÜR DAS REICH GOTTES?

Was bleibt angesichts dieser großartigen biblischen Vision über das zeitliche und zweitrangige Wesen von Ehe und Nachkommenschaft noch zu sagen? Am besten, wir schließen uns den Worten von Jesus und Paulus an. Jesus sagt in Matthäus 19,12:

> »Denn es gibt Verschnittene, die von Mutterleib so geboren sind; und es gibt Verschnittene, die von den Menschen verschnitten worden sind; *und es gibt Verschnittene, die sich selbst verschnitten haben um des Reiches der Himmel willen.* Wer es zu fassen vermag, der fasse es.«

Wir sollten das nicht wörtlich als Sterilisation verstehen (ebenso wenig, wie wir uns selbst zu Blinden machen, nur weil Jesus davon gesprochen hat, dass man sich in gewissen Fällen besser das rechte Auge ausreißen sollte), sondern so, dass Jesus damit einverstanden ist, dass einige seiner Nachfolger auf Ehe und Sexualität verzichten, um dem Reich Gottes besser dienen zu können.

Diesen Weg hat Paulus gewählt. In 1. Korinther 7 ermutigt er andere, dies ebenfalls in Betracht zu ziehen:

> »Ich sage aber den Unverheirateten und Witwen: Es ist gut für sie, wenn sie bleiben wie auch ich. ... Ich will aber, dass ihr ohne Sorge seid. Der Unverheiratete ist um die Dinge des Herrn besorgt, wie er dem Herrn gefalle; der Verheiratete aber ist um die Dinge der Welt besorgt, wie er der Frau gefalle. ... Dies aber sage ich zu eurem eigenen Nutzen, ... zu ungeteiltem Anhangen an dem Herrn« (1. Korinther 7,8.32-33.35).

Einige sind also dazu berufen, für Gottes Reich »Verschnittene« zu sein. Paulus redet davon, dass jeder seine eigene Gabe hat: »Aber jeder hat seine eigene Gnadengabe von Gott, der eine so, der andere so« (1. Korinther 7,7). Oder wie es an anderer Stelle steht: »Wer es zu fassen vermag, der fasse es« (Matthäus 19,12).

GRÖSSERE FREUDEN

Mit diesen Bibelstellen im Hinterkopf kommen wir nun an unseren Ausgangspunkt zurück: Gott verspricht denen, die um Christi willen ehelos bleiben, etwas Besseres als Ehe und Kinder.

Einige mögen sich fragen: Wäre es nicht besser, beides zu haben – die Freuden der Ehe *und* die Freuden des Himmels? Auf diese Frage gibt es zwei Antworten. Die eine lautet, dass wir eines Tages begreifen werden, was wir uns am besten jetzt schon bewusst machen: Die Freuden, die wir mit Christus im Himmel erleben, sind unendlich viel besser als die Freude, verheiratet zu sein und Kinder großzuziehen. Deshalb könnte man genauso gut fragen: Wäre es nicht besser, das Meer und außerdem noch einen Fingerhut voll Wasser zu haben?

Aber das ist wohl nicht die Antwort, auf die Sie gewartet haben. Also hier noch die andere: Ehe und Ehelosigkeit bieten uns beide einzigartige Herausforderungen und Möglichkeiten, *heiliger* zu werden, und Heiligung ist unsere Vorbereitung auf den Himmel. Für jeden Weg wird es besonderen Lohn geben. Die Größe Ihrer Belohnung hängt nicht davon ab, ob Sie verheiratet oder ledig waren, sondern davon, wie Sie mit der jeweiligen Situation umgegangen sind.

Ich sage also noch einmal allen, die im Vertrauen auf Christus Single bleiben: Gott verspricht Ihnen für die Ewigkeit Segnungen, die weit über die Freude an Ehe und Kindern hinausreichen.

WAS EHELOSIGKEIT AM BESTEN ZEIGT

Dieses Versprechen bringt eine einzigartige Berufung und eine ebensolche Verantwortung mit sich. Wenn Sie alleinstehend sind, besteht Ihre Aufgabe nicht darin, bis Mitte dreißig in einer pubertären Phase ohne Verantwortung stecken zu bleiben. Nein, Sie sind dazu berufen, das zu tun, was nur unverheiratete christliche Männer und Frauen in dieser Welt tun können: Sie sollen dadurch, wie Sie sich als Single an Christus hingeben und ihn groß machen, *das* über Christus und sein Reich darstellen, was durch Ehelosigkeit viel besser sichtbar wird als durch die Ehe. Solange Sie Single sind, sollen Sie so für Christus leben, dass die Welt und die Gemeinde an Ihnen sehen:

1. Die Familie Gottes wächst nicht durch leiblichen Nachwuchs, sondern dadurch, dass Menschen durch den Glauben an Christus neu gemacht werden.
2. Beziehungen in Christus sind dauerhafter und wertvoller als Familienbeziehungen.
3. Die Ehe ist vergänglich und wird schließlich der Beziehung weichen, auf die sie schon die ganze Zeit hindeutet: die Beziehung zwischen Christus und der Gemeinde – weil keine Abbildung mehr gebraucht wird, wenn wir die Realität mit eigenen Augen sehen.
4. Die Treue zu Christus bestimmt den Wert unseres Lebens. Daraus leitet sich der Stellenwert aller anderen Beziehungen ab. Keine Familienbeziehung ist perfekt – die Beziehung zu Christus schon.

Die Ehe bietet einzigartige Möglichkeiten, Christus zu verherrlichen, die es in der Ehelosigkeit nicht gibt. Aber umgekehrt ist es genauso. Möge Gott durch beides geehrt werden!

»Die leibliche Gegenwart anderer Christen ist dem Gläubigen eine Quelle unvergleichlicher Freude und Stärkung ... Der Gefangene, der Kranke, der Christ in der Zerstreuung erkennt in der Nähe des christlichen Bruders ein leibliches Gnadenzeichen der Gegenwart des dreieinigen Gottes. Besucher und Besuchter erkennen in der Einsamkeit aneinander den Christus, der im Leibe gegenwärtig ist, sie empfangen und begegnen einander, wie man dem Herrn begegnet, in Ehrfurcht, in Demut und Freude ... Freilich, was für den Einsamen unaussprechliche Gnade Gottes ist, wird von dem täglich Beschenkten leicht missachtet und zertreten.«

Dietrich Bonhoeffer,
Gemeinsames Leben, S. 16-17.

KAPITEL 10

ALLEINSEIN, EHE UND DIE GABE DER GASTFREUNDSCHAFT

»Es ist aber nahe gekommen das Ende aller Dinge. Seid nun besonnen und seid nüchtern zum Gebet. Vor allem habt untereinander eine inbrünstige Liebe, denn die Liebe bedeckt eine Menge von Sünden. Seid gastfrei gegeneinander ohne Murren. Je nachdem jeder eine Gnadengabe empfangen hat, dient einander damit als gute Verwalter der mannigfaltigen Gnade Gottes. Wenn jemand redet, so rede er als Aussprüche Gottes; wenn jemand dient, so sei es als aus der Kraft, die Gott darreicht, damit in allem Gott verherrlicht werde durch Jesus Christus, dem die Herrlichkeit ist und die Macht von Ewigkeit zu Ewigkeit. Amen.«

1. PETRUS 4,7-11

Dieses Kapitel habe ich geschrieben, weil ich mir von Herzen wünsche, dass Christus verherrlicht wird, indem Verheiratete und Ehelose gastfreundlich zueinander sind. Wenn meine Behauptung aus dem letzten Kapitel stimmt, dass Gottes Familie (die durch geistliche Wiedergeburt entsteht) wichtiger und langlebiger ist als die menschliche Familie (die durch Fortpflanzung entsteht), dann muss sich das in unseren Beziehungen zeigen. Wie die verheirateten und ledigen Mitglieder der Gemeindefamilie miteinander umgehen, zeigt unseren Mitmenschen etwas. Sie sollen daran sehen, dass Gott das Wichtigste in unserem Leben ist und wir unsere Beziehungen nicht nur von Verwandtschaftsverhältnissen bestimmen lassen, sondern von Christus. Ich sehne mich danach, dass Ehepaare und Singles einander in ihr Leben einladen – um Christus und des Evangeliums willen.

»WEIL ER EIN JÜNGER IST«

Jesus sagt: »Und wer einem dieser Geringen auch nur einen Becher mit kaltem Wasser zu trinken gibt, *weil er ein Jünger ist*, wahrlich, ich sage euch, der wird seinen Lohn nicht verlieren!« (Matthäus 10,42 [Schlachter 2000]). Natürlich sagt Jesus auch, dass wir unsere *Feinde* lieben sollen (Matthäus 5,44), und Paulus fordert uns auf, unserem *Feind* einen Becher Wasser zu geben (Römer 12,20). Diese Art der Liebe wird belohnt werden. Aber hier gibt Jesus uns den Auftrag, Menschen gerade deshalb freundlich zu begegnen, weil sie *Nachfolger Jesu* sind. Und auch dafür werden wir belohnt werden.

Wenn Sie also in die Augen eines Singles oder Verheirateten schauen und dort einen Jünger Jesu sehen – einen Bruder oder eine Schwester Ihrer eigenen ewigen Familie –, sollte seine oder ihre Beziehung zu Jesus Sie dazu bewegen, um Jesu willen Liebe praktisch zu zeigen, etwa durch Gastfreundschaft. Es geht hier um Jesus. Er fordert uns dazu auf, »weil er ein Jünger ist«. Damit sagt er: »Ich werde auf ganz besondere Art und Weise geehrt, wenn du meinem Jünger um meinetwillen etwas zu trinken gibst. Wenn du ihn in dein Haus einlädst, tu es um meinetwillen.« Das meine ich damit, dass Christus verherrlicht wird, wenn verheiratete Menschen Alleinstehende in ihr Leben einladen und umgekehrt.

WOZU HAT GOTT UNS EINEN KÖRPER GEGEBEN?

Noch ein paar einführende Worte, bevor wir uns dem Text im ersten Petrusbrief zuwenden. Das Nachdenken über die Auferstehung der Toten und den neuen Himmel und die neue Erde hat bei mir zu vielen Fragen über die materielle, irdische Welt geführt. Zum Beispiel: Warum gab Gott uns überhaupt Körper? Warum schuf er ein materielles Universum? Warum lässt er unsere Leiber aus dem Tod auferstehen, erneuert sie und befreit dann diese Erde, sodass wir für immer mit unserem neuen Körper auf einer neuen Erde leben können? Laut Psalm 96,4 ist der Herr »groß ... und sehr zu loben« – aber warum erschuf er dann nicht nur körperlose Engel mit riesengroßen Herzen, die nur mit Gott sprechen können und nicht miteinander? Wozu gibt es Körper und warum können wir Menschen untereinander kommunizieren? Warum gibt es Bäume und Erde, Wasser, Feuer und Wind, Löwen und Lämmer, Lilien und Vögel, Brot und Wein?

Auf diese Fragen gibt es ein paar tiefgehende und wunderbare Antworten. Eine davon lautet: Gott schuf Körper und materielle Dinge, weil seine Ehre ganz besonders sichtbar wird, wenn wir diese Dinge richtig betrachten und nutzen. »Die Himmel erzählen die Herrlichkeit Gottes« (Psalm 19,2) – deshalb existiert das materielle Universum. Denken wir über die Vögel am Himmel und die Lilien auf dem Feld nach, wird uns mehr von Gottes Güte und Versorgung bewusst (Matthäus 6,26-28). In seiner *Schöpfung* sehen wir seine unsichtbaren Eigenschaften: »sowohl seine ewige Kraft als auch seine Göttlichkeit« (Römer 1,20). Schauen wir auf die *Ehe*, sehen wir Christus und die Gemeinde (Epheser 5,23-25). Und sooft wir beim *Abendmahl* das Brot essen und den Kelch trinken, verkünden wir den Tod des Herrn, bis er wiederkommt (1. Korinther 11,26). Was auch immer wir essen oder trinken oder tun, *alles* sollen wir zur Ehre Gottes tun (1. Korinther 10,31). Die materielle Welt ist kein Selbstzweck; sie wurde geschaffen, um Gottes Herrlichkeit zu zeigen und unsere Herzen wachzurütteln, damit wir ihn noch besser kennenlernen und schätzen lernen.

SEX UND ESSEN HEILIGEN

Die materielle Wirklichkeit ist gut. Gott will uns durch sie zeigen, wie herrlich er ist. Und er möchte, dass wir sie heiligen und ihn dadurch anbeten – das heißt, dass wir die materiellen Dinge als seine Geschenke an uns sehen, das Beste aus ihnen machen und sie genießen. Dieses Wissen bewahrt uns davor, Sex und Essen zu Ersatzgöttern zu machen. Sie sind keine Götter; sie sind von Gott gemacht, um ihn zu ehren. Aber wir müssen auch nicht auf der anderen Seite vom Pferd fallen und Sexualität und Nahrung als etwas Böses fürchten. Sie sind nicht böse; sie sind Instrumente der Anbetung – mit ihnen können wir Christus ehren.

Einer der wichtigsten Texte der Bibel über die Bedeutung von körperlichem Verlangen (z. B. Appetit) und Sex steht in 1. Timotheus 4,1-5:

> »Der Geist aber sagt ausdrücklich, dass in späteren Zeiten einige von dem Glauben abfallen werden, indem sie achten auf be-

> trügerische Geister und Lehren von Dämonen, durch die Heuchelei von Lügenrednern, die betreffs des eigenen Gewissens wie mit einem Brenneisen gehärtet sind, verbieten, zu heiraten, und gebieten, sich von Speisen zu enthalten, die Gott geschaffen hat zur Annahme mit Danksagung für die, die glauben und die Wahrheit erkennen. Denn jedes Geschöpf Gottes ist gut und nichts verwerflich, wenn es mit Danksagung genommen wird; denn es wird geheiligt durch Gottes Wort und durch Gebet.«

Sex und Essen – das sind die zwei großen Götzen im Kleinasien des 1. Jahrhunderts und in der westlichen Welt des 21. Jahrhunderts. Doch Gott sagt ganz klar: Diejenigen, die das Problem der Vergötterung von Sex und Essen dadurch lösen wollen, dass sie komplett auf Geschlechtsverkehr oder bestimmte Nahrungsmittel verzichten, sind falsche, dämonische Lehrer – sie hören auf »Lehren von Dämonen« (Vers 1).

Was ist Gottes Lösung? – Alles, was Gott geschaffen hat, ist gut; nichts ist verkehrt, was wir mit einem Dankgebet annehmen und durch Gottes Wort und Gebet heiligen. Das gilt für Essen ebenso wie für Sex.

CHRISTUS GROSS MACHEN – ALLEINSTEHEND ODER VERHEIRATET

Mit dieser ganzen Einleitung wollte ich deutlich machen, dass wir weder die Ehe noch die Ehelosigkeit vergöttern oder fürchten müssen. Beide sind »Gleichnisse zum Anfassen« und beide sind wunderschön und real. Gott hat beide geschaffen, um durch sie (wie durch die ganze Schöpfung) die Herrlichkeit Christi auf die Erde zu holen.

Ehe und Zölibat können beide zu Götzen gemacht werden. Ehepartner können sich gegenseitig anbeten, ihren Sex, ihre Kinder oder ihre große Kaufkraft als kinderlose Doppelverdiener. Alleinstehende können ihre Selbstständigkeit und Unabhängigkeit anbeten und auf die Ehe herabsehen als zweitklassigen Kompromiss für Christen mit zu großem Sexualtrieb. Verheiratete können auf das Singleleben herabsehen als Zeichen der Unreife, Verantwortungslosigkeit oder Inkompetenz.

Aber was ich klarstellen möchte, ist: Man kann Christus ehren, indem man verheiratet ist *und* indem man Single bleibt. Sowohl in der Ehe als auch in der Ehelosigkeit können wir mit unseren Körpern und Trieben so umgehen, dass Christus dabei groß gemacht wird.

DER BERÜHMT-BERÜCHTIGTE VERS

Noch ein paar Worte zu dem berühmt-berüchtigten Vers in 1. Korinther 7,9:

> »Wenn sie sich aber nicht enthalten können, so lasst sie heiraten, denn es ist besser zu heiraten, als entbrannt zu sein.«

Paulus spricht vorher ausdrücklich Männer *und* Frauen an (Vers 8). Eine Anmerkung zu diesem Vers ist mir sehr wichtig: Wenn jemand sich danach sehnt zu heiraten, weil er weiß, dass er oder sie sonst »entbrennen« würde, dann bedeutet das nicht, dass die Ehe nur dazu da ist, um Sex zu haben. Angesichts all des Großartigen, was Paulus in Epheser 5 über die Ehe sagt, kann er das auf keinen Fall meinen.

Ein Verheirateter muss mit seinem sexuellen Verlangen genauso umgehen wie wir alle mit unseren natürlichen Bedürfnissen, wenn wir Gott mit ihnen anbeten wollen. In diesem konkreten Fall bedeutet das (der Einfachheit halber nehme ich hier einen Mann als Beispiel):

1. Er lebt sein sexuelles Verlangen so aus, dass es mit den Maßstäben aus Gottes Wort übereinstimmt.
2. Er stellt den Sex in einen größeren Zusammenhang von Liebe und Fürsorge.
3. Er »transponiert« die »Musik« körperlicher Lust in die »Musik« geistlicher Anbetung.
4. Er spürt mit jeder Faser seines Körpers dem Echo der Güte Gottes nach.
5. Er sucht sein Vergnügen zu verdoppeln, indem er *ihre* Freude zu *seiner* macht.
6. Er dankt Gott von ganzem Herzen, weil er weiß und spürt, dass er keinen Augenblick dieser Freude verdient hat.

ZU GUTER LETZT: GASTFREUNDSCHAFT

Kommen wir nun zum Bibeltext vom Anfang dieses Kapitels zurück, 1. Petrus 4,7-11. Mein Wunsch war, dass dieses Kapitel Verheiratete und Alleinstehende zur gegenseitigen Gastfreundschaft ermutigt, weil Christus dadurch verherrlicht wird. Ich gehe den Bibeltext zügig durch, kommentiere ihn kurz, ziehe einige einfache und offensichtliche Schlussfolgerungen daraus – und bete, dass Gott uns durch sein Wort so verändert, dass es ihn ehrt und freut.

> »Es ist aber nahe gekommen das Ende aller Dinge« (Vers 7).

Petrus weiß, dass mit dem Kommen des Messias das »Ende der Zeitalter« begonnen hat (1. Korinther 10,11; Hebräer 1,1-2). Wir warten nicht auf die Endzeit; sie ist schon da, und zwar seit dem ersten Kommen des Messias. Das Reich Gottes ist bereits angebrochen (Lukas 17,21), deshalb kann in kürzester Zeit die Vollendung aller Dinge die Welt gänzlich umkehren.

Jesus hat uns gelehrt, auf unsere Lebensführung zu achten und wachsam zu sein. Mit ähnlichen Worten fährt daher auch Petrus fort:

> »Seid nun besonnen und seid nüchtern zum Gebet« (Vers 7).

Das heißt: Pflegen Sie eine sehr persönliche Beziehung mit Christus, damit Sie ihm nicht wie einem Fremden begegnen müssen, wenn Sie ihm bei seinem Kommen in die Augen blicken werden. Beten Sie regelmäßig darum, dass Gott Ihnen die Kraft schenkt, in dieser letzten Zeit auch an Tagen großer Belastung zu bestehen (Lukas 21,36). Verlassen Sie sich nicht darauf, dass Sie ja *spontan* beten können. »Seid nun besonnen und seid nüchtern zum Gebet.«

> »Vor allem habt untereinander eine inbrünstige Liebe, denn die Liebe bedeckt eine Menge von Sünden« (Vers 8).

Die Liebe ist das Wichtigste, und sie wird immer notwendiger, je näher das Ende kommt, weil die Belastungen und Anspannungen und die Mühsal dieser letzten Zeit unsere Beziehungen unter enormen Druck setzen. Wir brauchen einander, und die Welt beobachtet genau, ob wir authentisch sind. »Daran werden alle erkennen, dass ihr meine Jünger seid, wenn ihr Liebe untereinander habt« (Johannes 13,35). Decken wir unsere Fehler und Schwächen gegenseitig zu, tragen und ertragen wir sie, oder darf der Ärger unsere Herzen beherrschen?

Vers 9 nennt eine *Form* dieser Liebe, und es ist bezeichnend, dass Petrus uns auffordert, sie »ohne Murren« zu praktizieren:

> »Seid gastfrei untereinander ohne Murren.«

Wenn wir ernsthaft lieben und die Liebe eine Menge Sünden bedeckt, dann werden wir nicht so leicht murren, oder? Die Liebe bedeckt eine Menge der Dinge, die uns murren lassen. In dieser letzten Zeit sind wir als Christen dazu berufen, ohne Murren gastfreundlich zu sein. Gerade in dieser Zeit, wenn unser Stresslevel hoch ist und es Sünden gibt, die bedeckt werden müssen, und gute Gründe zu murren – genau dann sollen wir vor allem gastfreundlich sein.

Unsere *Häuser* sollen offen sein, weil unsere *Herzen* offen sind. Und *unsere* Herzen sind offen, weil Gottes Herz für uns offen ist. Erinnern Sie sich daran, welchen Zusammenhang der Apostel Johannes zwischen der Liebe Gottes und unserer Liebe und Gastfreundschaft aneinander herstellt? Er schreibt in 1. Johannes 3,16-17: »Hieran haben wir die Liebe erkannt, dass er [Jesus] für uns sein Leben hingegeben hat; auch wir sind schuldig, für die Brüder das Leben hinzugeben. Wer aber irgend irdischen Besitz hat und sieht seinen Bruder [egal, ob Single oder verheiratet!] Mangel leiden und verschließt sein Herz vor ihm, wie bleibt die Liebe Gottes in ihm?«

WAS PASSIERT IN UNSEREN HÄUSERN?

Damit sind wir fast am Ende unserer Betrachtung von 1. Petrus 4,7-11. Noch eine kleine Anmerkung zu Vers 10, was es bedeutet, wenn wir in unseren Häusern zusammenkommen: »Je nachdem jeder eine Gnadengabe empfangen hat, dient einander damit als gute Verwalter der mannigfaltigen Gnade Gottes.«

Ich liebe diesen Ausdruck »Verwalter der mannigfaltigen Gnade Gottes«! Jeder Christ ist ein Verwalter – ein Treuhänder, Manager, Wächter, Verteiler, Diener – von Gottes Gnade, die er uns auf so vielfältige Weise schenkt. »Gott aber vermag jede *Gnade* gegen euch überströmen zu lassen, damit ihr in allem, allezeit alle Genüge habend, überströmend seid zu jedem guten Werk« (2. Korinther 9,8). Vielleicht haben Sie Angst davor, gastfreundlich zu sein, weil Sie befürchten, nicht stark oder fit genug zu sein. Aber das ist gut, dann schüchtern Sie nämlich niemanden ein. Je schwächer Sie sich fühlen, desto mehr müssen Sie sich auf Gottes Gnade verlassen und statt Ihrer eigenen Leistung *Christus* in den Mittelpunkt stellen. Und gerade dann werden Ihre Gäste in Ihrem einfachen Haus oder Ihrer winzig kleinen Wohnung großen Segen erleben!

»WIE AUCH DER CHRISTUS EUCH AUFGENOMMEN HAT«

Gastfreundschaft ist also eine christliche Tugend, durch die wir am Ende der Zeit Liebe leben und Christus verherrlichen können. Zum Schluss einige Beispiele, wie das praktisch aussehen kann.

Zuerst ganz allgemein: Wenn Sie zu Christus gehören, wenn Sie an ihn glauben und deshalb seine rettende »Gastfreundschaft« erleben dürfen (für die er mit seinem Blut bezahlt hat), dann erweisen Sie auch anderen solche Gastfreundschaft. »Deshalb nehmt einander auf, wie auch der Christus euch aufgenommen hat, zu Gottes Herrlichkeit« (Römer 15,7). Sie leben jeden Tag aus der Gnade, die Sie umsonst erhalten haben. Verwalten Sie diese Gnade gut, indem Sie Gäste einladen.

Für verheiratete Paare kann das bedeuten: Lassen Sie Ihre Gastfreundschaft bewusst auch Alleinstehenden zukommen – laden Sie sie ein zu Kleingruppen, zum Essen am Sonntag, zu Picknicks und an Festtagen. Sie wären überrascht, wenn Sie wüssten, wie viele jüngere und ältere Singles Weihnachten, Ostern und Thanksgiving allein verbringen. Jeder denkt, dass es schon einen anderen geben wird, der sie einlädt. Sie müssen gar keine große Sache daraus machen, seien Sie einfach ganz natürlich. Und vergessen Sie nicht, dass es acht*zehn*- und acht*zig*jährige Singles gibt – und siebzigjährige, fünfzig-, vierzig-, dreißig- und zwanzigjährige, männliche und weibliche, früher mal verheiratete und noch nie verheiratete, geschiedene und verwitwete. Fangen Sie an, wirklich wie ein Christ zu denken. Die Gemeinde ist Ihre Familie – tiefer und ewiger als Ihre leibliche Verwandtschaft.

Zum Schluss ein Wort an Alleinstehende: Seien Sie genauso gastfreundlich zu verheirateten Paaren und Familien wie zu anderen Singles. Das mag sich seltsam anhören, aber gerade dass es so seltsam ist, weist auf eine Wahrheit hin, die weit über diese Welt hinausgeht. Ist es nicht ein Zeichen dafür, dass Sie ungewöhnlich reif und innerlich stabil sind? Weist es nicht ganz deutlich auf Gottes Gnade hin, die in Ihrem Leben wirkt? Und zeigen Sie damit nicht ganz klar, wer Ihre wahre Familie ist? Tun Sie sich mit einigen Freunden zusammen und laden Sie Verheiratete in Ihr Leben ein.

Ich bete dafür, dass der Herr uns immer gastfreundlicher macht, und zwar uns alle. »Es ist aber nahe gekommen das Ende aller Dinge.« Deshalb darf uns nichts vom Beten abhalten. Lassen Sie uns einander lieben. Lassen Sie uns gute Verwalter der mannigfaltigen Gnade Gottes sein und Gäste einladen, ohne zu murren. »Deshalb nehmt einander auf, wie auch der Christus euch aufgenommen hat.«

»Keine Aufforderung zur Ehe gibt Jesus den Nachfolgenden. Aber er heiligt die Ehe nach dem Gesetz, indem er sie für unverbrüchlich erklärt und dort, wo sich ein Teil durch Ehebruch vom anderen scheidet, dem anderen die zweite Ehe verwehrt. Durch solches Gebot befreit Jesus die Ehe von der selbstischen bösen Lust und will sie als Dienst der Liebe, wie sie in der Nachfolge allein möglich ist, geführt wissen. Jesus tadelt nicht den Leib und sein natürliches Verlangen, aber er verwirft den Unglauben, der in ihm verborgen ist. ... Auch der Leib des Jüngers gehört Christus und der Nachfolge, unsere Leiber sind Glieder seines Leibes.«

Dietrich Bonhoeffer,
Nachfolge, S. 128-129.

KAPITEL 11

GLAUBE UND SEX IN DER EHE

»Die Ehe sei geehrt in allem und das Ehebett unbefleckt; denn Hurer und Ehebrecher wird Gott richten. Der Wandel sei ohne Geldliebe; begnügt euch mit dem, was vorhanden ist, denn er hat gesagt: ›Ich will dich nicht versäumen und dich nicht verlassen.‹«

HEBRÄER 13,4-5

Bevor wir uns mit dem Thema Kinder beschäftigen, wollen wir darüber nachdenken, wie enorm wichtig die sexuelle Beziehung in der Ehe ist. In den nächsten Kapiteln werden wir feststellen: Der Auftrag, fruchtbar zu sein und uns zu vermehren, gilt nicht unbedingt für alle. Also hat Gott auch die Sexualität und die große Freude, die diese schenkt, nicht nur deshalb geschaffen, damit wir Nachkommen zeugen und eine neue Generation entsteht. Das geschieht dabei zwar auch, aber Gott hätte es ja auch so einrichten können, dass uns übel wird, wenn wir nicht zweimal in der Woche Sex haben. Das hätte auch funktioniert. Also geht es bei der Lust nicht nur um Fortpflanzung.

UNGLAUBLICHE EKSTASEN

Es ist kein Zufall, dass Theologen das Hohelied Salomos jahrhundertelang als Geschichte über Christus und seine Gemeinde ausgelegt haben. Es war ihnen wohl zu peinlich, die natürliche Bedeutung für Salomo und seine Braut stehen zu lassen. Aber sie lagen auch nicht ganz falsch damit, dass es beim ehelichen Sex letzten Endes um die Freude im Himmel zwischen Christus und seiner Gemeinde geht.

Man muss kein Asket sein oder die guten Seiten der körperlichen Freude fürchten, um zu sagen, dass sexuelle Intimität und der sexuelle Höhepunkt ihre letzte Bedeutung von dem her beziehen, worauf sie hindeuten. Sie verweisen auf Ekstasen, die in diesem Leben unerreichbar und unvorstellbar sind. So wie der Himmel von der herrlichen Größe und Schönheit Gottes erzählt, so erzählt der sexuelle Höhepunkt von unvorstellbaren und herrlichen Freuden, die wir in der Zukunft mit Christus erleben werden. Dort wird es zwar keine Ehe mehr geben (Matthäus 22,30), aber das, was sie eigentlich bedeutet hat – und auch ihre Freuden, doch mit millionenfacher Stärke.

Wollte Gott uns alles Schöne, das wir dort erleben werden, schon jetzt erklären, wäre das ungefähr so, als wollte man einem Fünfjährigen erklären, was sexuelle Erfüllung ist. Das Kind würde wahrscheinlich nicken und dann sagen: »Kannst du mir bitte die Erdnussbutter geben?« Sexuelles Vergnügen in der Ehe ist gut. Jeder, der etwas anderes behauptet, so sagt die Bibel, verbreitet »Lehren von Dämonen«:

> »Der Geist aber sagt ausdrücklich, dass in späteren Zeiten einige von dem Glauben abfallen werden, indem sie achten auf be-

trügerische Geister und *Lehren von Dämonen*, durch die Heuchelei von Lügenrednern, die betreffs des eigenen Gewissens wie mit einem Brenneisen gehärtet sind, *verbieten, zu heiraten*, und gebieten, sich von Speisen zu enthalten, die Gott geschaffen hat zur Annahme mit Danksagung für die, die glauben und die Wahrheit erkennen« (1. Timotheus 4,1-3).

Wehe mir, wenn ich das Geschenk der ehelichen Sexualität nicht ehre!

PRIVATE SZENEN IM SCHAUSPIEL DER EHE

Wenn wir verheiratet sind, dürfen wir auf dieses Geschenk nicht verzichten. Uns wird *aufgetragen*, den Körper des anderen zu genießen: »Deine Quelle sei gesegnet, und erfreue dich an der Frau deiner Jugend, der lieblichen Hirschkuh und anmutigen Gämse – ihre Brüste mögen dich berauschen zu aller Zeit, taumle stets in ihrer Liebe« (Sprüche 5,18-19). »Er küsse mich mit den Küssen seines Mundes, denn deine Liebe ist besser als Wein« (Hohelied 1,2). Ehe heißt, der Lust nachzujagen, die Gott für diese Beziehung geschaffen hat.

Die Welt sollte nicht ihre Nase und schon gar nicht ihre Kameras in unser Schlafzimmer stecken. Sex ist kein Zuschauersport – trotz der millionenschweren Industrie, die ihn dazu machen will. Das Schauspiel von Christus und seiner Gemeinde, das sich im Leben eines Ehepaares abspielt, hat seine *privaten* Szenen. Dieser Teil des Schauspiels ist für genau drei Zuschauer bestimmt: Ehemann, Ehefrau und Gott, der alles sieht. Und während die Darsteller dieses Schauspiels sich von den Wogen der Wonne davontragen lassen, werden sie selbst zu Zuschauern und staunen darüber, dass dies alles, so intensiv es auch sein mag, nur ein schwacher Schatten von etwas unendlich viel Größerem sein soll, das noch kommen wird. Diese privaten Szenen sind auf der ganzen Welt bekannt. Wir würden gut daran tun, der Welt zu erklären, was es eigentlich ist, was sie da so sehr liebt. Die Liebe Christi zu seiner Braut ist nirgends ohne Anknüpfungspunkt.

SEX AUS GLAUBEN IST KEINE SÜNDE

Nun zu Hebräer 13,4-5:

> »Die Ehe sei geehrt in allem und das Ehebett unbefleckt; denn Hurer und Ehebrecher wird Gott richten. Der Wandel sei ohne Geldliebe ...«

Es ist bemerkenswert, dass der Verfasser Geld und die sexuelle Beziehung in der Ehe in einem Atemzug erwähnt. Nicht ohne Grund stehen diese beiden Themen bei den meisten Seelsorgern heutzutage ganz oben auf der Liste der möglichen Krisenherde einer Ehe. Übereinstimmung in Geldfragen und Harmonie im Ehebett sind nicht selbstverständlich. Wir konzentrieren uns in diesem Kapitel auf das Ehebett. Aber verlieren Sie nicht aus dem Blick, wie eng die beiden Bereiche zusammenhängen. Macht und Vergnügen vermischen sich hier wie nirgendwo sonst.

Der Schreiber des Hebräerbriefs legt sehr viel Wert darauf, dass die sexuelle Beziehung in der Ehe geschützt wird. »... das Ehebett [sei] unbefleckt ...« Dabei denkt er nicht an *zeremonielle* Verunreinigungen, sonst würde er nicht fortfahren: »... denn Hurer und Ehebrecher wird Gott richten.« Nein, er meint *sündige* Verunreinigungen. Und das ist letzten Endes alles, was nicht aus Glauben geschieht. Das schreibt Paulus in Römer 14,23: »Alles aber, was nicht aus Glauben ist, ist Sünde.« Also sagt der Schreiber unseres Textes: Beschützen Sie die sexuelle Beziehung in Ihrer Ehe, indem Sie nichts tun, was nicht aus Glauben kommt.

Nach Hebräer 11,1 ist Glaube »eine Verwirklichung dessen, was man hofft, eine Überzeugung von Dingen, die man nicht sieht«. Glaube ist demnach das feste Vertrauen auf alles, was Gott uns verspricht, uns zu sein und zu tun, an jedem Tag unseres Lebens. Doch was hat solcher Glaube damit zu tun, ob sexuelle Einstellungen und Handlungen Sünde sind oder nicht? – In Hebräer 13 veranschaulicht der Schreiber das am Beispiel von Geld, aber wir können es auch auf das Thema Sex übertragen.

»Der Wandel sei ohne Geldliebe; begnügt euch mit dem, was vorhanden ist …« (Vers 5). Geldgier ist ein Verlangen, das Gott missfällt, also ist es Sünde. Das Mittel gegen dieses sündige Verlangen und alles Böse, was daraus folgt, ist Zufriedenheit: »… begnügt euch mit dem, was vorhanden ist …« Aber es bleibt uns nicht selbst überlassen, irgendwie zufrieden zu werden. Im nächsten Vers sehen wir, worauf wir unsere Zufriedenheit gründen können: »… denn er hat gesagt: ›Ich will dich nicht versäumen und dich nicht verlassen.‹« Wir können zufrieden sein, weil Gott uns versprochen hat, uns zu helfen und bei uns zu sein.

Gott macht uns in seinem Wort so viele tröstliche, beruhigende und hoffnungsvolle Zusagen (wie hier in dem Zitat aus 5. Mose 31,6), dass wir zufrieden sein werden, wenn wir seinen Worten vertrauen. Und *Zufriedenheit* ist das wirksamste Gegenmittel gegen Geldgier und sexuelle Sünde.

Sünde ist das, was man denkt und tut, wenn man Gott nicht beim Wort nimmt und sich nicht auf das verlässt, was er verspricht. Also können wir Hebräer 13,4 so zusammenfassen: In euren sexuellen Beziehungen sollt ihr nur solche Dinge tun und solche Einstellungen haben, die zeigen, dass ihr zufrieden seid und auf Gottes Versprechen vertraut. Alles andere ist Sünde.

WARUM SEX, WENN ICH IN CHRISTUS ZUFRIEDEN BIN?

Aber damit taucht sofort ein neues Problem auf, nämlich die Frage: »Wenn ich zufrieden bin, weil ich auf Gottes Versprechen vertraue, warum sollte ich dann überhaupt noch sexuelle Befriedigung suchen?« Das ist eine sehr gute Frage. Und die erste Antwort darauf lautet: Vielleicht sollten Sie wirklich keine sexuelle Befriedigung suchen. Vielleicht sollten Sie Single bleiben (vgl. Kapitel 9).

Aber es gibt noch eine zweite Antwort auf diese Frage: Die Zufriedenheit, die Gottes Zusagen uns geben, stillt nicht alle unsere Sehnsüchte, vor allem nicht die körperlichen. Selbst Jesus, der perfekt war, wurde hungrig und sehnte sich nach Essen, wurde müde und sehnte sich nach Ruhe. Sexuelles Verlangen gehört in dieselbe Kategorie; und die Zufriedenheit im Glauben befriedigt ihn ebenso wenig, wie sie unseren Hunger stillt oder unsere Müdigkeit wegnimmt.

Aber wie beeinflusst diese Zufriedenheit unser sexuelles Verlangen dann überhaupt? Ich denke, auf zweierlei Weise. *Erstens*: Wenn das Bedürfnis nach körperlicher Nähe ungestillt bleibt, weil jemand ehelos lebt, dann wird Gott seine Hilfe und Nähe in ausreichendem Maße als Ausgleich dafür zur Verfügung stellen. In Philipper 4,11-13 sagt Paulus:

> »Nicht, dass ich dies des Mangels wegen sage, denn ich habe gelernt, worin ich bin, mich zu begnügen. Ich weiß sowohl erniedrigt zu sein, als ich weiß Überfluss zu haben; in jedem und in allem bin ich unterwiesen, sowohl satt zu sein als zu hungern, sowohl Überfluss zu haben als Mangel zu leiden. Alles vermag ich in dem, der mich kräftigt.«

Wenn Paulus lernen konnte, zufrieden zu sein, obwohl er hungern musste, dann können wir auch lernen, zufrieden zu sein, wenn Gott beschließt, uns keine sexuelle Erfüllung zu schenken.

Die *zweite* Auswirkung der Zufriedenheit im Glauben auf unser sexuelles Verlangen sieht so aus: Wenn wir in der Ehe sexuelle Befriedigung erfahren dürfen, dann erstreben und genießen wir sie nur in solchen Spielarten, die mit unserem Glauben vereinbar sind. Anders ausgedrückt: Die von Gott geschenkte Zufriedenheit beendet zwar weder unseren Hunger noch unsere Müdigkeit oder unser sexuelles Verlangen, aber sie verändert die *Wege*, die wir gehen, um diese Bedürfnisse zu stillen.

Der Glaube hindert uns nicht am Essen, aber er beendet Völlerei; er hindert uns nicht am Schlafen, aber er lässt uns nicht zu Faulenzern werden. Er stillt nicht unser sexuelles Verlangen, aber ...? Darauf möchte ich in den folgenden Abschnitten eingehen.

WAS WIR TUN, IST SAUBER

Wenn das Ohr des Glaubens 1. Timotheus 4,4-5 hört, dann glaubt es das: »Denn jedes Geschöpf Gottes ist gut und nichts verwerflich, wenn es mit Danksagung genommen wird; denn es wird geheiligt durch Gottes Wort und durch Gebet.« Und wie der Glaube die Speisen heiligt, so erlaubt er uns auch, den Körper und sein Verlangen als Gottes gute Gaben zu ehren. Es wäre falsch, wenn gläubige Ehepaare miteinander schlafen und sich dabei sagen würden: »Wir tun etwas Schmutziges; es ist das Gleiche, was sie in Pornos machen.« Stattdessen zeigt der Glaube ihnen: Gott hat diesen Akt geschaffen, und er ist gut für diejenigen, »die glauben und die Wahrheit erkennen« (1. Timotheus 4,3).

NARBEN, ABER KEINE WUNDEN MEHR

Außerdem verstärkt der Glaube unsere Freude an der sexuellen Beziehung in der Ehe, weil er uns von der Schuld der Vergangenheit befreit. Ich denke hier an alle, die verheiratet sind, aber zurückschauen müssen auf außerehelichen Geschlechtsverkehr, Ehebruch, Inzest, homosexuelle Affären, jahrelange Selbstbefriedigung, Pornosucht, ausgiebiges Petting mit verschiedenen Partnern oder eine Scheidung. Gott sagt dazu: Wenn Sie es ernst meinen und sich ganz seiner Gnade und heilenden Vergebung ausliefern, dann befreit er Sie von der Schuld der Vergangenheit und ermöglicht ein neues, sauberes Intimleben in der Ehe.

Darauf zu vertrauen, heißt nicht, naiv zu sein. Gott wäscht die Schuld unserer Sünde ab, aber Narben bleiben trotzdem zurück. Stellen wir uns zum Beispiel ein Paar vor, das kurz vor seiner Verlobung zusammen auf einer Parkbank sitzt. Der junge Mann wendet sich zu seiner Freundin und sagt: »Es gibt da etwas, was ich dir noch sagen muss. Vor zwei Jahren war ich Gott ungehorsam und habe mit einem anderen Mädchen geschlafen. Sie war die Einzige, mit der das passiert ist. Ich bereue es zutiefst und habe deswegen schon viele Tränen vergossen. Ich glaube, dass Gott mir vergeben hat, und hoffe, dass du das auch kannst.«

In den folgenden Wochen vergibt sie ihm, auch wenn es ihr nicht leichtfällt, und die beiden heiraten. Während sie in ihrer Hochzeitsnacht nebeneinanderliegen, steigen ihr Tränen in die Augen, und er fragt: »Was ist los?« Sie antwortet: »Ich muss einfach an dieses andere Mädchen denken, das genauso mit dir dalag wie ich jetzt.« Jahre später, als der Körper seiner Frau den Reiz des Neuen längst verloren hat, ertappt er sich immer wieder dabei, dass seine Gedanken unbeabsichtigt zum unerlaubten Nervenkitzel dieses ersten Verhältnisses zurückwandern.

Solche Narben meine ich. Jeder von uns trägt sie auf die eine oder andere Art; jeder hat Sünden begangen, die unser heutiges Leben schwieriger machen, als es ohne sie wäre, selbst wenn sie vergeben sind. Aber Christus ist gegen solche Narben nicht machtlos. Er nimmt vielleicht nicht alle Probleme weg, die sie uns bereiten, aber er hat versprochen, dass sogar diese Probleme uns zum Besten dienen können – uns, die wir ihn lieben und nach seinem Plan berufen sind (Römer 8,28).

Nehmen wir noch mal dieses Paar auf der Parkbank. Gut möglich, dass alles ein glückliches Ende nimmt und sie schließlich eine sehr befriedigende sexuelle Beziehung genießen können. Es ist zwar ein harter Weg dahin: Sie müssen ganz offen daran arbeiten, regelmäßig dafür beten, auf Gottes Gnade vertrauen und über ihre Gefühle reden und dürfen nicht zulassen, dass sich negative Gedanken und Gefühle aufstauen. Sie müssen lernen, einander zu vertrauen und zu helfen, ihren Weg zu Frieden und sexueller Harmonie zu finden, aber sie erleben Gottes Gnade auch in einer ganz neuen Tiefe. Christus starb nicht nur, damit wir in der Ehe schuldfreie sexuelle Beziehungen genießen können, sondern auch damit wir – selbst durch unsere Narben – geistlich dazulernen.

SATAN DURCH REGELMÄSSIGEN SEX SCHLAGEN

Es gibt noch einen dritten Punkt zum Thema Glaube und Sex in der Ehe: Der Glaube gebraucht den Sex als Waffe gegen Satan. Denken Sie einmal über 1. Korinther 7,3-5 nach:

> »Der Mann leiste der Frau die eheliche Pflicht, ebenso aber auch die Frau dem Mann. Die Frau hat nicht Macht über ihren eigenen Leib, sondern der Mann; ebenso aber hat auch der Mann nicht Macht über seinen eigenen Leib, sondern die Frau. Entzieht euch einander nicht, es sei denn etwa nach Übereinkunft eine Zeit lang, um zum Beten Muße zu haben; und kommt wieder zusammen, damit der Satan euch nicht versuche wegen eurer Unenthaltsamkeit.«

In Epheser 6,16 sagt Paulus, dass wir Satan mit dem Schild des Glaubens abwehren sollen. Hier sagt er zu Verheirateten: Wehrt Satan mit genügend sexuellem Verkehr ab. Enthaltet euch einander nicht zu lang, sondern kommt bald wieder zusammen, damit Satan keinen Fuß in die Tür bekommt.

Moment, was meint er jetzt? Schützen wir uns vor Satan mit dem Schild des Glaubens oder mit dem Schild des ehelichen Verkehrs? Die Antwort für *Verheiratete* lautet, dass der Glaube den Sex als Instrument der Gnade gebraucht. Für die Menschen, die Gott in die Ehe führt, ist sexueller Verkehr das von Gott verordnete Mittel, um Versuchungen wie Ehebruch, sexuelle Fantasien oder Pornografie zu besiegen; der Glaube nimmt dieses Geschenk demütig an und dankt Gott dafür.

DER BESTE SEX MEINT DEN ANDEREN

In 1. Korinther 7,3-5 behandelt Paulus noch einen weiteren wichtigen Aspekt. In Vers 4 schreibt er, dass Mann und Frau das Recht über den Körper des anderen haben. Wenn die beiden ein Fleisch werden, stehen ihre Körper dem anderen zur Verfügung. Jeder hat das Recht, den Körper des anderen zu beanspruchen, um sexuell befriedigt zu werden.

Aber wir müssen wirklich genau hinsehen, was Paulus zu diesen gegenseitigen Rechten sagt. Er sagt *nicht*: »Deshalb holt euch, was euch zusteht! Nehmt euch euer Recht!«, sondern: »Gib dem anderen das Recht, das ihm zusteht!« (siehe Vers 3). Und in Vers 5: »Entzieht euch einander nicht …« Er ermutigt also weder den Mann noch die Frau, sexuelle Befriedigung ohne Rücksicht auf die Bedürfnisse des anderen einzufordern. Stattdessen ermahnt er beide, immer bereit zu sein, den eigenen Körper zur Verfügung zu stellen, wenn der andere es möchte.

Ich schließe daraus (und aus vielem anderen, was Jesus gelehrt hat), dass eine eheliche sexuelle Beziehung dann froh und erfüllend ist, wenn jeder der Partner dem anderen Erfüllung schenken möchte. Wenn es jeden am meisten freut, den anderen glücklich zu machen, dann werden hundert Probleme schon gelöst, bevor sie überhaupt aufkommen.

Ein Mann, der seiner Frau Erfüllung schenken will, wird sensibel für das, was sie braucht und will. Er lernt, dass die Vorbereitung auf erfüllenden Sex um 22 Uhr schon morgens um 7 Uhr mit liebevollen Worten beginnt und sich in Form von Freundlichkeit und Respekt durch den ganzen Tag zieht. Und wenn es so weit ist, rückt er nicht vor wie ein Bulldozer, sondern kennt ihr Tempo und bringt sie geschickt zum Höhepunkt. Bis seine Frau ihm ein Signal gibt, gilt für ihn: »Ihr Höhepunkt, nicht meiner, ist das Ziel.« Er wird auf Dauer merken, dass es gesegneter ist zu geben, als zu nehmen.

Für Ehefrauen gilt: Es trifft zwar nicht immer zu, aber in der Regel scheint es so zu sein, dass Ihr Mann öfter Sex möchte als Sie. Martin Luther empfahl zwei Schäferstündchen in der Woche als ausreichenden Schutz gegen den Versucher.[21] Ich weiß nicht, ob seine Frau Katharina jedes Mal Lust darauf hatte oder nicht. Aber geben Sie Ihrem Mann trotzdem, was er will, auch wenn Sie gerade keine Lust haben (wenn nicht außergewöhnliche Umstände dagegensprechen). Ich sage nicht zu den Ehemännern: »Nehmt es euch trotzdem.« Vielmehr sollten Sie um Ihrer Frau willen bereit sein zu verzichten. Versuchen Sie, sich gegenseitig darin zu übertreffen, dem anderen zu geben, was er möchte (Römer 12,10). Jeder von Ihnen beiden sollte das Ziel haben, den anderen so gut wie möglich zufriedenzustellen.

HEILIGER SEX

»Die Ehe sei geehrt in allem und das Ehebett unbefleckt ...« Das bedeutet: Sündigen Sie nicht in Ihren sexuellen Begegnungen. Und das wiederum heißt: Denken und tun Sie nur das, was zeigt, dass Sie auf Gottes Versprechen vertrauen. Wir sollten uns regelmäßig

---

21 William Lazareth schreibt: »In dem humorigen Reim, der Luther traditionell zugeschrieben wird, zeigt sich in Bezug auf die empfohlene Häufigkeit des ehelichen Sexualverkehrs seine gesunde und kernige Einstellung (wenn nicht sogar die tatsächlichen Worte) zur Sexualität: ›In der Woche zwier, schadet weder ihm noch ihr, macht im Jahre hundertvier.‹« *Luther on the Christian Home*, Philadelphia 1960 (Muhlenberg Press), S. 226.

fragen: Beruht das, was ich fühle oder tue, auf der *Zufriedenheit* des *Glaubens* oder der ängstlichen *Unsicherheit* des *Unglaubens*? Stimmt mein Verlangen mit der Zufriedenheit des Glaubens überein oder widerspricht es ihr? Diese Fragen werden Ihnen bei Hunderten von kleinen und großen ethischen Entscheidungen helfen.

Ich fasse zusammen: Ich wollte zeigen, wie sich der Glaube auf drei verschiedene Bereiche der sexuellen Beziehung in der Ehe auswirkt:

1. Er schenkt uns das Vertrauen auf Gottes Zusage, dass der sexuelle Verkehr in der Ehe gut und rein ist und wir ihn dankbar annehmen dürfen, weil wir die Wahrheit glauben und kennen.
2. Der Glaube vergrößert die Freude an der sexuellen Beziehung in der Ehe, weil er uns von der Schuld der Vergangenheit befreit. Durch den Glauben wissen wir, dass Christus für alle unsere Sünden starb. Deshalb können wir in ihm eine unschuldige und Christus verherrlichende sexuelle Beziehung in der Ehe führen.
3. Der Glaube nutzt Sex als Waffe gegen Satan. Ein Ehepaar, das sich gegenseitig so viel sexuelle Erfüllung wie möglich schenken möchte, versetzt der alten Schlange einen schweren Schlag. Ich finde es großartig, dass der sexuelle Aspekt der Ehe neben der ganzen Freude, die er uns bereitet, auch als furchterregende Waffe gegen unseren Erzfeind dient!

Doch eigentlich sollte uns das nicht überraschen. Auf dem Höhepunkt der Lust bezeugt die Ehe die Liebe zwischen Christus und seiner Gemeinde am lautesten. Und diese Liebe ist die stärkste Macht der Welt. Der Sieg über Satan, die Herrlichkeit Christi und unsere Freude in einem unbefleckten Ehebett sind ein und dasselbe.

»Ehe ist mehr als eure Liebe füreinander. Sie hat höhere Würde und Gewalt; denn sie ist Gottes heilige Stiftung, durch die er den Menschen bis an das Ende der Tage erhalten will. In eurer Liebe seht ihr euch beide nur allein auf der Welt, in der Ehe seid ihr ein Glied in der Kette der Geschlechter, die Gott zu seiner Ehre kommen und vergehen lässt und zu seinem Reich ruft.«

Dietrich Bonhoeffer,
Widerstand und Ergebung, S. 35.

KAPITEL 12

»SEID FRUCHTBAR UND MEHRT EUCH«: MÜSSEN CHRISTEN KINDER HABEN?

»Ihr Kinder, gehorcht euren Eltern im Herrn, denn das ist recht. ›Ehre deinen Vater und deine Mutter‹, welches das erste Gebot mit Verheißung ist, ›damit es dir wohl ergehe und du lange lebest auf der Erde.‹

Und ihr Väter, reizt eure Kinder nicht zum Zorn, sondern zieht sie auf in der Zucht und Ermahnung des Herrn.«

EPHESER 6,1-4

Ich habe verschiedene Bibelstellen angeführt, um zu zeigen, dass Gott die Ehe aus einem ganz bestimmten Grund geschaffen hat: Sie soll die Bundesliebe zwischen Christus und seiner Gemeinde abbilden. Gott will durch unsere Ehen zeigen, wie Christus seine Gemeinde liebt und wie diese seine Liebe beantwortet. Das sollten alle Ehepaare über ihre Ehe wissen. Den zentralen Text dazu hatten wir in Epheser 5,23-25 gefunden:

»Denn der Mann ist das Haupt der Frau, wie auch der Christus das Haupt der Versammlung ist; er ist des Leibes Heiland. Aber wie die Versammlung dem Christus unterworfen ist, so auch die Frauen den Männern in allem.

Ihr Männer, liebt eure Frauen, wie auch der Christus die Versammlung geliebt und sich selbst für sie hingegeben hat ...«

Gewöhnen Sie sich nicht so sehr an diesen Text, dass er Sie kaltlässt – wo auf der Welt spricht sonst jemand derartig über die Ehe? In *drei* Versen heißt es *dreimal*:

Vers 23: »wie auch der Christus das Haupt der Versammlung ist«
Vers 24: »wie die Versammlung dem Christus unterworfen ist«
Vers 25: »wie auch der Christus die Versammlung geliebt hat«

Die wichtigste Aufgabe der Ehe steckt in den Worten: »wie auch der Christus ... wie die Versammlung ... wie auch der Christus«. Ehe ist kein Selbstzweck, sie besteht auch nicht um des Mannes oder der Frau oder der Kinder willen. Die Ehe ist deshalb so fantastisch, weil sie auf ein fantastisches Vorbild hindeutet. Die Liebe, die Mann und Frau in der Ehe zusammenschweißt, ist fantastisch, weil sie etwas Fantastisches darstellt, nämlich »wie Christus die Versammlung geliebt [hat]« und »wie die Versammlung dem Christus unterworfen ist«. Die Ehe ist nicht *an sich* großartig, sondern weil sie etwas unvorstellbar Großes abbildet, nämlich Christus und die Gemeinde.

EINE AUFGABE DER EHE: MACHT KINDER … ZU JÜNGERN

In diesem Kapitel möchte ich eine weitere Aufgabe hinzufügen: Die Ehe ist dazu da, dass Kinder entstehen … und zu Jüngern Jesu werden.[22] Kinder sind zwar nicht die Hauptaufgabe der Ehe, aber eine wichtige und biblische. Aber ich ergänze: »und zu Jüngern Jesu werden«. So verschiebt sich der Schwerpunkt: Es geht nicht darum, diesen Planeten einfach noch weiter zu bevölkern, sondern die Zahl der Nachfolger Jesu wachsen zu lassen.

Ehepaare, die unfruchtbar und kinderlos sind, können trotzdem daran mitwirken, Kinder zu Nachfolgern Jesu zu machen. Als Gott sich überlegt hat, aus Ehen Familien zu machen, war es nie sein Ziel, die Erde einfach nur mit Bewohnern zu füllen, sondern mit Anbetern des einen wahren Gottes. Dazu kann ein Ehepaar beitragen, indem es Kinder zeugt und diese im Glauben an Gott erzieht; aber das ist nicht der einzige Weg. Der Auftrag für die Ehe lautet nicht einfach: »Macht Kinder!«, sondern: »Macht Kinder zu Jüngern Jesu!« Das funktioniert auch dann, wenn man keine leiblichen Kinder hat.

Zuerst möchte ich zeigen, dass Gottes ursprünglicher Schöpfungsplan vorsieht, dass Männer und Frauen heiraten und Kinder bekommen. Als *Zweites* soll klar werden: So wie in dieser gefallenen Welt nicht alle für die Ehe bestimmt sind (das haben wir oben festgestellt), müssen auch nicht alle Paare Kinder bekommen. Es ist eine normale, gute, mühsame und wunderbare Aufgabe, aber nicht alle sind dazu berufen. Und in einem *dritten* Abschnitt wer-

22 Anmerkung des Übersetzers: Der Autor arbeitet hier mit der doppeldeutigen englischen Phrase »for making children … disciples of Jesus«.

den wir uns ansehen, wie die Ehe nach Epheser 6,1-4 dazu beiträgt, dass Kinder zu Jüngern Jesu werden.

KINDER SIND GOTTES WILLE

Normalerweise gehört es nach Gottes Plan zu einer Ehe dazu, Kinder zu zeugen und aufzuziehen:

> »Und Gott sprach: Lasst uns Menschen machen in unserem Bild, nach unserem Gleichnis; und sie sollen herrschen über die Fische des Meeres und über die Vögel des Himmels und über das Vieh und über die ganze Erde und über alles Gewürm, das sich auf der Erde regt! Und Gott schuf den Menschen in seinem Bild, im Bild Gottes schuf er ihn; Mann und Frau schuf er sie. Und Gott segnete sie, und Gott sprach zu ihnen: Seid fruchtbar und mehrt euch und füllt die Erde und macht sie euch untertan; und herrscht über die Fische des Meeres und über die Vögel des Himmels und über alle Tiere, die sich auf der Erde regen!« (1. Mose 1,26-28).

Auch nach der Sintflut, so lesen wir in 1. Mose 9,1, segnete Gott »Noah und seine Söhne und sprach zu ihnen: Seid fruchtbar und mehrt euch und füllt die Erde«. So hatte Gott es sich von Anfang an gedacht: Ein Ehepaar soll Kinder zeugen und die Erde mit Erkenntnis des Herrn füllen wie das Wasser das Meer (vgl. Habakuk 2,14). Das gilt bis heute und ist immer noch eine gute Sache. »Wie Pfeile in der Hand eines Helden, so sind die Söhne der Jugend: Glückselig der Mann, der seinen Köcher mit ihnen gefüllt hat! Sie werden nicht beschämt werden, wenn sie mit Feinden reden im Tor« (Psalm 127,4-5).

Im Neuen Testament sehen wir, dass niemand Kindern gegenüber positiver eingestellt ist als Jesus selbst. Markus 10,13-14 berichtet:

> »Und sie brachten Kinder zu ihm, damit er sie anrühre. Die Jünger aber verwiesen es ihnen. Als aber Jesus es sah, wurde er unwillig und sprach zu ihnen: Lasst die Kinder zu mir kommen, wehrt ihnen nicht, denn solcher ist das Reich Gottes.«

Die Bibel legt also von Anfang bis Ende großen Wert darauf, dass wir Kinder haben, sie großziehen und segnen. In unserer Gemeinde gibt es viele große Familien. Und wir ermutigen sie! Es ist eine großartige Berufung und eine der wunderbaren Berufungen der Ehe, zu Gottes Ehre Kinder zu bekommen und großzuziehen.

KINDER SIND KEIN MUSS

Aber mein zweiter Punkt ist, dass Kinder zwar der *Normalfall* in einer Ehe sind, aber kein *Muss*. In unserer gefallenen, sündigen Welt, die sich so verzweifelt nach einem Retter sehnt, entscheidet nicht die *Natur*, wann oder ob wir Kinder bekommen. Die Entscheidung für oder gegen Kinder hängt nicht davon ab, was natürlich ist, sondern was unseren Retter Jesus Christus am meisten verherrlicht.

Es gibt also Parallelen zwischen der *Single*-Frage und der *Kinder*-Frage. Gott sagt in 1. Mose 2,18: »Es ist nicht gut, dass der Mensch allein sei; ich will ihm eine Hilfe machen, die ihm entspricht.« Das hört sich im ersten Moment so an, als wäre die Ehe *immer* die richtige Wahl; aber dann schreibt der unverheiratete

Paulus in 1. Korinther 7,7.26: »Ich wünschte aber, alle Menschen wären [alleinstehend] wie auch ich selbst; aber jeder hat seine eigene Gnadengabe von Gott, der eine so, der andere so. … Ich meine nun, dass dies gut ist der gegenwärtigen Not wegen, dass es für einen Menschen gut ist, so zu sein.« Also gibt es verschiedene Gaben und verschiedene Berufungen. Die Ehe ist kein Muss.

Ganz ähnlich ist es mit der Entscheidung für oder gegen Kinder. Am Anfang sagt Gott zu den Menschen: »Seid fruchtbar und mehrt euch« (1. Mose 1,28). Das ist also normal und Gottes Wille. Aber ebenso wenig, wie wir verpflichtet sind zu heiraten, sind wir verpflichtet, Kinder zu bekommen. Wir sollen nach *geistlichen* Kindern streben, nicht unbedingt nach *leiblichen*. Es müssen nicht immer Kinder aus einer Ehe hervorgehen, aber es sollen Nachfolger Jesu entstehen. Dazu ein paar Bibelstellen:

HUNDERTE KINDER

In Markus 10,29-30 sagt Jesus:

> »Wahrlich, ich sage euch: Es ist niemand, der Haus oder Brüder oder Schwestern oder Mutter oder Vater oder *Kinder* oder Äcker verlassen hat um meinet- und um des Evangeliums willen, der nicht hundertfach empfängt, jetzt in dieser Zeit Häuser und Brüder und Schwestern und Mütter und *Kinder* und Äcker unter Verfolgungen, und in dem kommenden Zeitalter ewiges Leben.«

Im *neuen* Bundesvolk geht es nicht mehr in erster Linie darum, leibliche Kinder zu zeugen. Jesu Nachfolger können durch ihren geistlichen Einfluss Hunderte von Kindern bekommen. Das kann zum Beispiel bedeuten, dass man Kinder adoptiert oder Pflegekinder aufnimmt. Sie können Ihr Zuhause für Kinderbibelkreise zur Verfügung stellen oder so gastfreundlich sein, dass die Kinder der Nachbarschaft sich bei Ihnen wohlfühlen. Vielleicht üben Sie Ihre geistliche Elternschaft auch durch Ihren Job als Krankenschwester oder Ihre liebevolle Fürsorge für Nichten und Neffen oder für Ihre Kinderstundengruppe aus. Der springende Punkt ist: Durch eine Ehe müssen nicht unbedingt Kinder entstehen; aber auf die eine oder andere Weise sollen durch sie Kinder zu Nachfolgern Christi gemacht werden, direkt oder indirekt.

In Römer 9,8 schreibt Paulus: »Nicht die Kinder des Fleisches, diese sind Kinder Gottes, sondern die Kinder der Verheißung werden als Nachkommen gerechnet.« In Gottes Reich ist es also nicht das Wichtigste, leibliche Kinder zu zeugen, sondern »Kinder Gottes«.

Und in 1. Korinther 4,15 schreibt Paulus: »Denn wenn ihr zehntausend Erzieher in Christus hättet, so doch nicht viele Väter; denn in Christus Jesus habe ich euch gezeugt durch das Evangelium.« Als Christen sind unsere Glaubensgeschwister unsere erste Familie und es ist wichtiger, *geistliche* Kinder zu bekommen als *natürliche*. In vielen Ehen läuft das auf das Gleiche hinaus, aber nicht in allen.

Noch einen Vers möchte ich zu diesem Thema nennen: »Grüßt Rufus, den Auserwählten im Herrn, und seine und meine Mutter« (Römer 16,13). Diese Frau versteht sich nicht nur als Mutter ihres leiblichen Sohnes, sondern kümmert sich auch um andere mit mütterlicher Zuneigung und Fürsorge. Daraus schließe ich, dass es natürlich und gut ist, wenn Christen auf leiblichem Wege Mutter und Vater werden (und es ist wunderbar, wenn wir dadurch auf Christus hinweisen), aber leibliche Elternschaft nicht unsere größte Berufung ist. Das Wichtigste ist, dass wir geistliche Kinder auf ihrem Weg ins Leben begleiten.

EHE ALS RAUM FÜR JÜNGERSCHAFT

Zuletzt wollen wir einen Blick auf Gottes Ruf für die Ehe werfen, ein Raum zu sein, in dem Kinder zu Jüngern werden. Zum Schluss dieses Kapitels wollen wir uns mit *beiden* Elternteilen beschäftigen, während wir im nächsten Kapitel noch einmal speziell auf den *Vater* zu sprechen kommen. Hier noch einmal der Text dazu aus Epheser 6,1-4:

> »Ihr Kinder, gehorcht euren Eltern im Herrn, denn das ist recht. ›Ehre deinen Vater und deine Mutter‹, welches das erste Gebot mit Verheißung ist, ›damit es dir wohl ergehe und du lange lebest auf der Erde.‹
>
> Und ihr Väter, reizt eure Kinder nicht zum Zorn, sondern zieht sie auf in der Zucht und Ermahnung des Herrn.«

FÜNF BEOBACHTUNGEN

Vor allem der Vater ist verantwortlich dafür, dass die Kinder »in der Zucht und Ermahnung des Herrn« erzogen werden. In Vers 1 lesen wir: »Ihr Kinder, gehorcht euren Eltern« – *beiden*, nicht nur dem Vater oder der Mutter. Aber sobald es im Text nicht mehr um die Kinder, sondern um die Eltern geht, wird nur noch der Vater erwähnt: »Und ihr *Väter*, reizt eure Kinder nicht zum Zorn, sondern zieht sie auf in der Zucht und Ermahnung des Herrn.« Das ist meine *erste* Beobachtung, auf die ich im nächsten Kapitel noch ausführlicher eingehen werde: In erster Linie sind die Väter dafür verantwortlich, dass die Kinder nach Gottes Beispiel »in der Zucht und Ermahnung des Herrn« erzogen werden.

Die *zweite* Beobachtung: Trotzdem sollen Mutter und Vater ihre Kinder *gemeinsam* erziehen. Beiden sollen die Kinder gehorchen. Ganz ähnlich steht es auch in Sprüche 6,20-21: »Mein Sohn, bewahre das Gebot deines Vaters, und verlass nicht die Belehrung deiner Mutter; binde sie stets auf dein Herz, knüpfe sie um deinen Hals.« Und Paulus fordert Timotheus auf, sich an das zu halten, was seine Mutter und seine Großmutter ihn als Kind gelehrt haben (2. Timotheus 3,14; 1,5). Das heißt: Der Vater trägt zwar die Hauptverantwortung, aber Mutter und Vater sind *beide* beauftragt, die Kinder nach Gottes Vorbild zu erziehen.

Die *dritte* Beobachtung: Es ist wichtig, dass die Eltern sich in ihrer Auffassung einig sind. Das ist leider nicht immer möglich, vor allem, wenn einer der Partner kein Christ ist. In diesem Fall sollte man versuchen, eine gemeinsame Grundhaltung zu finden, etwa zu der Frage, wie die Kinder gegebenenfalls bestraft werden sollen. Aber eigentlich hat Gott sich vorgestellt, dass beide Eltern gemeinsam an einem Strang ziehen. Beide arbeiten auf das gleiche Ziel hin: Das Kind soll »in der Zucht und Ermahnung des Herrn« erzogen werden, sein Leben auf den Herrn gründen, sich von ihm prägen und durchdringen lassen und ihn mit seinem Leben ehren. Gott will nicht, dass wir darin uneinig sind. Die Kinder brauchen eine geschlossene Front von Mutter und Vater. Verwirren Sie sie nicht! Einigen Sie sich, was Sie Ihren Kindern beibringen wollen und wann sie bestraft werden sollen, und dann treten Sie den Kindern gegenüber als Einheit auf. Geben Sie Ihren Kindern keine Möglichkeit, Sie gegeneinander auszuspielen. Machen Sie ihnen klar, dass das eine aussichtslose Masche ist. Gott ist *eins*, und so sollten es auch die Eltern sein.

Das führt uns zur *vierten* Beobachtung. Die wichtigste Aufgabe von Mutter und Vater besteht darin, den Kindern zu zeigen, wie Gott ist. Kinder lernen ihre Eltern kennen, bevor sie Gott kennenlernen. Das ist eine große Verantwortung und sollte alle Eltern dazu motivieren, Gott immer ähnlicher werden zu wollen. Bevor die Kinder begreifen, dass es ein Universum gibt, entdecken sie jahrelang, nach welchen *Gesetzen* es funktioniert. Sie erfahren, welche Autorität, Gerechtigkeit und Liebe im Universum herrschen, bevor sie dem Gott der Autorität, Gerechtigkeit und Liebe begegnen, der das Universum erschaffen hat und regiert. Wie ein Schwamm saugen Kinder die Stärke, Führung, Gerechtigkeit, Liebe und den Schutz ihres Vaters sowie die Fürsorge, Pflege, Wärme, Vertrautheit, Gerechtigkeit und Liebe ihrer Mutter auf (wobei diese Eigenschaften sich natürlich alle überschneiden).

Das alles findet statt, bevor ein Kind überhaupt irgendetwas über Gott weiß. Dabei geht es schon zutiefst um ihn. Wird Ihr Kind in der Lage sein, Gott an seiner Autorität, Liebe und Gerechtigkeit zu erkennen, weil Mama und Papa ihm gemeinsam gezeigt haben, wie Gott ist? Als Eltern können wir nichts Wichtigeres tun, als Gott mit seinen vielen Facetten immer besser kennenzulernen (besonders wie er sich selbst in der Person Jesu und am Kreuz geoffenbart hat) und dann so mit unseren Kindern zu leben, dass sie diesen facettenreichen Gott sehen und kennenlernen. Dazu gehört natürlich auch, dass wir ihnen immer wieder das unfehlbare Porträt Gottes in der Bibel zeigen.

Die *fünfte* Beobachtung: Gott möchte, dass beide an der Erziehung der Kinder beteiligt sind, weil sie noch vor ihrer Elternrolle *Mann und Frau* sind. Als Ehemann und Ehefrau stellen sie die Liebe zwischen Christus und der Gemeinde dar. Deshalb will Gott, dass Kinder in der Ehe aufwachsen. So können sie jeden Tag zusehen, wie Christus die Gemeinde liebt und wie die Gemeinde Christus bereitwillig nachfolgt. Es ist Gottes Wunsch, dass Kindern von Geburt an die Schönheit, Stärke und Weisheit seiner Bundesliebe eingeprägt wird.

EINE GUTE GRUNDLAGE

Was sich als tiefste *Bedeutung* der Ehe herausgestellt hat, bildet also gleichzeitig die *Grundlage* für die Aufgabe, Kinder zu Jüngern Jesu zu machen. Gute Ehen sind gute Voraussetzungen dafür, dass Kinder mit dem Bewusstsein dafür aufwachsen, wie sehr Christus seine Gemeinde liebt.

Möge der Herr uns eins machen in dem, was in der Ehe wirklich zählt: dass Ehepaare einander wie Christus und die Gemeinde lieben und Kinder das sehen und durch Gottes Gnade Gefallen daran finden.

»Von Gott empfangen die Eltern ihre Kinder,

und zu Gott sollen sie sie wieder führen.«

Dietrich Bonhoeffer,
Widerstand und Ergebung, S. 38.

KAPITEL 13

»SEID FRUCHTBAR UND MEHRT EUCH«: ZORN IN DER VATER-KIND-BEZIEHUNG

»Ihr Kinder, gehorcht euren Eltern im Herrn, denn das ist recht. ›Ehre deinen Vater und deine Mutter‹, welches das erste Gebot mit Verheißung ist, ›damit es dir wohl ergehe und du lange lebest auf der Erde.‹

Und ihr Väter, reizt eure Kinder nicht zum Zorn, sondern zieht sie auf in der Zucht und Ermahnung des Herrn.«

EPHESER 6,1-4

Das höchste Ziel der Ehe ist, auf der Erde die Liebe zwischen Christus und der Gemeinde in Szene zu setzen. Im letzten Kapitel haben wir gesehen, dass sie damit auch gleichzeitig das von Gott geplante Umfeld für Kinder schafft, in dieser Welt aufzuwachsen und zu Jüngern Jesu zu werden. Die höchste Aufgabe bringt auch das materielle, emotionale, moralische und geistliche Nest für die andere Aufgabe hervor.

DAS LEERE NEST

In einem Gebetsbrief, den ich las, während ich dieses Kapitel vorbereitete, berichtete eine Missionarsfamilie, dass ihre beiden Kinder nun verheiratet sind. Das Bild der Eltern war mit den Worten untertitelt: »Das leere Nest.« Jeder weiß, was damit gemeint ist: Eine Ehe bietet das Nest für ihre Jungvögel, bis sie selbst fliegen, Würmer finden und ihr eigenes Nest bauen können. Als Christen wissen wir, dass es zu den wichtigsten Aufgaben dieses Nestes gehört, den Kindern die Liebe zwischen Christus und seiner Gemeinde vorzuleben und zu zeigen.

In diesem Kapitel wollen wir uns mit der Frage beschäftigen, wie wir mit den Kindern in diesem Nest umgehen sollen. Was ist ihre Rolle in dem Schauspiel, das die Liebe des Sohnes Gottes darstellt? Dazu werde ich mich auf die Väter konzentrieren – wie Paulus, der in dem oben zitierten Text zwar zu Beginn in Vers 1 auf beide Elternteile verweist, dann aber in Vers 4 seinen Fokus auf die Väter richtet. Deshalb habe ich im letzten Kapitel erklärt, dass in der Ehe und dem durch sie geschaffenen Nest die Väter nicht *allein* verantwortlich, aber *haupt*verantwortlich sind für die Erziehung der Kinder.

DIE ROLLE DER VÄTER

Ich veranschauliche das gerne wie schon am Ende von Kapitel 7: Wenn Jesus im Hause Piper an die Tür klopft, weil es ein Problem mit den Kindern gibt, wird er nicht zuerst mit Noël reden wollen. Wenn sie ihm die Tür öffnet, wird er sagen: »Hallo Noël, ist der Mann des Hauses da? Wir müssen reden.« Nicht, dass Noël keine Verantwortung tragen würde. Aber als Ehemann bin ich der erste

Ansprechpartner dafür, dass die Kinder nach Gottes Willen und Geboten erzogen werden.

Dass der Mann hauptverantwortlich ist für die Kindererziehung, ist die logische Folge seiner Rolle als Haupt in der Ehe. »Denn der Mann ist das Haupt der Frau, wie auch der Christus das Haupt der Versammlung ist ... Ihr Männer, liebt eure Frauen, wie auch der Christus die Versammlung geliebt und sich selbst für sie hingegeben hat« (Epheser 5,23-25). Gott lässt nicht den Mann in der Beziehung zu seiner Frau leiten und dann die Frau in der Beziehung zu den Kindern. Wir Ehemänner sind für *beide* Bereiche verantwortlich. Alles andere würde die Kinder verwirren. Leider ist genau dies heute bei Millionen von Kindern der Fall, und ich bin der Meinung, dass dadurch eine Menge persönlicher und sozialer Probleme entstehen.

Wenn Paulus also in Vers 4 sagt: »Und ihr Väter, reizt eure Kinder nicht zum Zorn, sondern zieht sie auf in der Zucht und Ermahnung des Herrn«, dann überträgt er die Verantwortung des Mannes als Haupt in der Ehe auch auf die Elternschaft. Gott stellt sich einen verheirateten Mann so vor: Er ist ein aufopferndes, liebevolles Haupt für seine Frau und ein starker, sanfter Leiter in der gemeinsamen Herausforderung, die Kinder im Herrn zu erziehen.

In diesem Kapitel wollen wir besonders über die Erziehung nachdenken. Was soll ein Vater nach Epheser 6,4 tun? Über diese Frage könnte man ein eigenes Buch schreiben. Aber weil das hier nicht unser Hauptthema ist, werde ich mich nur auf einen Teil von Vers 4 konzentrieren, nämlich, dass wir unsere Kinder nicht zum Zorn reizen sollen. Das muss sehr wichtig sein, sonst würde Paulus es nicht als Einziges konkret herausgreifen.

AUSGERECHNET ZORN!

In Epheser 6,4 sagt Paulus, was Väter nicht tun sollen: »Und ihr Väter, reizt eure Kinder nicht zum Zorn ...« Erstaunlich! Warum erwähnt Paulus gerade das, und nicht beispielsweise: »Entmutigt eure Kinder nicht«, oder: »Verhätschelt sie nicht«? Oder: »Verführt sie nicht zu Neid oder Lügen oder Stehlen«, »missbraucht sie nicht«, »ignoriert sie nicht«? Oder: »Seid ihnen kein schlechtes Vorbild«? Oder: »Manipuliert sie nicht«? Warum wählt Paulus aus allen Fehlern, vor denen er Väter hätte warnen können, ausgerechnet den Zorn?

Mein Bibelwissen und meine Lebenserfahrung lassen mich zwei Gründe vermuten. *Erstens*: Zorn ist die häufigste Reaktion eines sündigen Herzens, wenn es mit Autorität konfrontiert wird. Papa verkörpert Autorität. Ohne Christus verkörpert das Kind Eigensinn. Und wenn die beiden aufeinandertreffen, flackert Zorn auf. Ein Zweijähriger bekommt einen Wutanfall und ein Teenager schlägt die Tür zu – oder Schlimmeres.

Wahrscheinlich meint Paulus deshalb: Selbst bei den besten Eltern wird es eine Menge Zorn geben. Also bemühen Sie sich nach Kräften, Ihre Kinder nicht unnötig zu reizen. Machen Sie dabei aber keine Zugeständnisse an Ihre Autorität, Wahrhaftigkeit und Heiligkeit; begegnen Sie Ihrem Kind bewusst mit diesen Eigenschaften, aber versuchen Sie, es dabei nicht zum Zorn zu reizen. – Wir werden noch darauf zurückkommen, was das konkret bedeutet.

Zweitens: Zorn überdeckt beinahe alle anderen Gefühle und betäubt die Seele. Er macht das Herz hart; ein zorniges Herz ist verschlossen für Freude, Dankbarkeit, Hoffnung, Sanftmut, Mitgefühl und Freundlichkeit. Deshalb drängt Paulus die Väter so dazu, ihren Kindern zu helfen, den Zorn zu bezwingen. Wer das schafft, befreit das Herz seines Kindes für wertvolle andere Gefühle, die Anbetung ermöglichen und Beziehungen angenehm machen.

Ganz ähnlich geht Paulus auch mit seinen eigenen geistlichen Kindern um. In 2. Korinther 6,11-13 findet er herzliche Worte für sie: »Unser Mund ist zu euch aufgetan, ihr Korinther; unser Herz ist weit geworden. Ihr seid nicht verengt in uns, sondern ihr seid verengt in eurem Innern. Zur gleichen Vergeltung aber (ich rede *als zu Kindern*) werdet auch ihr weit!«

KEINE EMOTIONALE ERPRESSUNG

Väter sollten einiges über Zorn bei ihren Kindern wissen. Dieser Vers darf nicht von Kindern zur emotionalen Erpressung benutzt werden. Das wäre der Fall, wenn ein Kind sagen würde: »Ich bin zornig, Papa, deshalb bist du im Unrecht. Die Bibel sagt, du darfst mich nicht dazu bringen, dass ich mich so fühle!« Einige Leute stecken immer noch in dieser kindischen Selbstzentriertheit fest: »Meine Gefühle sind der Maßstab für deine Liebe; wenn ich also unglücklich bin, dann liebst du mich nicht.«

Die meisten von uns haben solche Manipulationsversuche vermutlich schon kennengelernt. Das meinte Paulus sicher nicht. Jesus selbst hat viele Leute zornig gemacht, obwohl er niemals gesündigt oder nicht vollkommen geliebt hat. Weil alle Kinder Sünder sind, wird selbst die beste, liebevollste und zärtlichste Ausübung von Autorität sie manchmal zornig machen.

Vers 4 sagt also nicht, dass der Vater immer schuld ist, wenn ein Kind zornig ist. Paulus will Väter hier vor der großen Versuchung warnen, Dinge zu sagen, zu tun und zu verbieten, die einen tatsächlich vermeidbaren Zorn in den Kindern wecken. Den meisten von uns fallen sofort lauter offensichtliche Dinge ein, die bei uns nicht vorkommen sollten: Anschreien, ungerechte und übertriebene Strafen, Heuchelei, verbale Tiefschläge usw. Das alles zu vermeiden, ist in der Tat wichtig. Aber noch wichtiger ist die Frage, was Väter vorbeugend tun können, damit ihre Kinder nicht nur seltener zornig werden, sondern auch lernen, mit ihrem Zorn richtig umzugehen und ihn wieder loszuwerden. *Das* ist die wirkliche Herausforderung.

WAS GOTT GETAN HAT, SOLL AUCH PAPA TUN

Überlegen Sie einmal: Gott hat niemals etwas getan, was eines seiner Kinder zum Zorn berechtigt hätte. Wir sind niemals im Recht, wenn wir zornig auf ihn sind. Natürlich kommt es manchmal trotzdem vor. Dann sollten wir unsere Schuld bekennen und voll Gottesfurcht bereuen und uns wieder voll Vertrauen seiner souveränen Güte unterstellen. Aber obwohl Gott niemals für unseren Zorn verantwortlich ist, hat er die Initiative ergriffen, um unsere zerrüttete Beziehung zu ihm wieder in Ordnung zu bringen. Und diese Initiative hat er sich eine Menge kosten lassen.

Paulus beschreibt, mit welchen Strategien Gott als Vater den Zorn in seinen Kindern besiegt. Davon können wir menschlichen Väter eine Menge lernen. In Epheser 4,31–5,2 spricht sozusagen Gott zu seinen Kindern:

> »Alle Bitterkeit und Wut und Zorn und Geschrei und Lästerung sei von euch weggetan, samt aller Bosheit. Seid aber zueinander gütig, mitleidig, einander vergebend ...«

Bis hierher ist es einfach ein Gebot: Seid nicht zornig, sondern vergebt. Aber Gebote sind in sich wirkungslos. Es ist die nächste Aussage, die wirklich Kraft hat:

> »… wie auch Gott in Christus euch vergeben hat.«

Unser Vater im Himmel hat *seinen* eigenen Sohn gesandt und mit dessen Tod für *unseren* sündigen Zorn bezahlt und alles wieder in Ordnung gebracht. Unser Vater im Himmel sagt uns nicht nur, dass wir nicht zornig sein sollen; nein, er besiegt *seinen* und *unseren* Zorn auf *seine* Kosten.

Im nächsten Vers (5,1) lesen wir dann schwarz auf weiß, dass Gott darin die Rolle eines Vaters eingenommen hat:

> »Seid nun Nachahmer Gottes, als geliebte *Kinder* …«

Wir sind Gottes Kinder, wenn wir an Christus glauben, und Gott ist unser Vater. Er ist selbst zur Tat geschritten und hat es sich unendlich viel kosten lassen, seinen und unseren Zorn zu besiegen. In Christus sind wir unvorstellbar geliebt von Gott. Deshalb: Ahmen Sie Ihren himmlischen Vater nach. Werden Sie aktiv, damit Ihre Kinder nicht zornig werden oder damit sie es schaffen, ihren Zorn zu überwinden – wie mühsam oder ungewohnt sich das für Sie auch anfühlen mag.

DER KAMPF BEGINNT IM HERZEN DES VATERS

Ich möchte noch einmal betonen: Wenn Paulus in Epheser 6,4 sagt, dass die Väter ihre Kinder nicht zum Zorn reizen sollen, heißt das nicht nur, dass Sie Dinge *lassen* sollen, die Zorn wecken, sondern auch Dinge aktiv *tun* sollen, die vor Zorn schützen und ihn überwinden. Wecken Sie in den Herzen Ihrer Kinder so wunderbare andere Gefühle, dass die starke Emotion Zorn sie nicht mehr so einfach überwältigen kann.

Die größte Herausforderung dabei ist, Ihren eigenen Zorn zu überwinden und durch eine entspannte Freude zu ersetzen. Diese Freude wird von Ihnen auf Ihre Kinder überspringen. »Denn aus der Fülle des Herzens redet der Mund« (Matthäus 12,34). Wenn das Herz zornig ist, redet der Mund mit Zorn. Wenn ein Vater oft zornig gestimmt ist, vertreibt er damit die zarten und positiven Gefühle seines Kindes. Um ein Vater nach Gottes Berufung und Vorstellung zu werden, müssen Sie also zuerst ein solcher Christ und Ehemann sein.

DIE LÖSUNG: DER GEKREUZIGTE

Christ zu sein, bedeutet, dass Gott uns ohne Gegenleistung alle unsere Fehler und unseren ganzen Zorn vergibt. Gottes Freundlichkeit, die er in Christus zeigt, hat die Kraft, unseren jahrzehntealten, lähmenden Zorn hinwegzuschmelzen. Diese Heilung kann dann durch uns zu anderen fließen. »Zorn ... sei von euch weggetan ... Seid aber zueinander gütig, mitleidig, einander vergebend, wie auch Gott in Christus euch vergeben hat« (Epheser 4,31-32).

Gott hat Ihnen vergeben. Er ist freundlich zu Ihnen gewesen. Er ist mitfühlend mit Ihnen. Das alles geschieht wegen Christus. Durch Christus und den Heiligen Geist können wir Väter deshalb mit anderen genauso umgehen. Wir müssen nicht mehr zornig sein; wir können vergeben und in unseren Kindern Sanftmut und mit ihr noch eine ganze Reihe anderer kostbarer Emotionen wecken, die sonst der Zorn verzehrt hätte. Die positiven Gefühle bekommen wieder Raum in Ihnen und Ihren Kindern.

»Und ihr Väter, reizt eure Kinder nicht zum Zorn …« Begegnen Sie Ihren Kindern so, wie Gott Ihnen begegnet. Was er für uns getan hat, hat ihn sehr viel gekostet. Er gab seinen eigenen göttlichen Sohn her, um uns vor seinem Zorn und unserem rebellischen Zorn zu retten. Gott beruft uns zu nichts, was er vorher nicht selbst für uns getan hat. Das ist die Gute Nachricht, das Evangelium. Bevor er von uns verlangt, dass wir so lieben wie er (Epheser 5,1), vergibt er uns jede einzelne Situation, in der wir in der Liebe versagt haben.

Ist Ihnen das wirklich bewusst? Sie müssen Ihre Kinder nicht lieben, *damit* Ihr Vater im Himmel Sie liebt. Es ist genau umgekehrt: Gott hat durch das Opfer und den Gehorsam seines Sohnes gezeigt, dass er schon voll auf Ihrer Seite steht. »Wenn Gott für uns ist, wer gegen uns?« (Römer 8,31).

Dieser vergebende, unterstützende, liebevolle und aufopfernde Vater fordert uns nun auf: »Seid nun Nachahmer Gottes, als geliebte Kinder …« (Epheser 5,1). Lassen Sie sich von Gottes sanften und starken Gefühlen beschenken. Er hat seinen Zorn überwunden und uns unsere Sünden vergeben. Wenn Sie das wollen, kann er Sie von Ihrem destruktiven Zorn heilen, selbst wenn dieser Sie schon seit Jahren belastet.

Unseren Kindern zuliebe sollen wir uns von Gott heilen lassen. Denn darin liegt die Kraft der Vaterschaft: Wie Gott Ihnen vergeben hat, so vergeben Sie Ihrer Frau und Ihren Kindern (Epheser 4,32). Erlauben Sie Gott, mit seiner kostbaren Vergebung und seinen Zusagen tief in Ihrer Seele zu wirken, und kappen Sie so die

Wurzel des Zornkreislaufs. Reizen Sie Ihre Kinder nicht zum Zorn. Zeigen Sie ihnen, wie man Zorn gegen entspannte und gelassene Freude eintauschen kann.

Die Ehe schafft das ideale Umfeld, in der eine solche Liebe gedeihen kann, die den Zorn besiegt, denn die Ehepartner zeigen und leben die Liebe zwischen Christus und seiner Gemeinde. Die beiden Aufgaben der Ehe – die Bundesliebe Christi darzustellen und ein Raum für die Kindererziehung zu sein, in dem der Zorn besiegt wird – passen perfekt zusammen. Die Bundesliebe ist die gleiche Liebe, die über Zorn triumphiert. Sie ist eine demütige, aufopfernde und dienende Liebe. Ehemänner lieben ihre Frauen, wie Christus die Gemeinde geliebt hat (Epheser 5,25). Diese sanfte Liebe nach dem Vorbild Christi öffnet die Herzen der Kinder und befreit sie von Zorn. Was für eine wunderschöne Einheit: Weil die Ehe dafür geschaffen ist, die Bundesliebe zwischen Christus und seiner Gemeinde abzubilden, können Kinder in ihr diese von Christus getragene Liebe schmecken und sehen und darin aufblühen.

»Gott macht eure Ehe unauflöslich. ›Was Gott zusammengefügt hat, das soll der Mensch nicht scheiden.‹ Gott fügt euch in der Ehe zusammen; das tut nicht ihr, sondern das tut Gott. Verwechselt eure Liebe zueinander nicht mit Gott.«

Dietrich Bonhoeffer,
Widerstand und Ergebung, S. 35.

KAPITEL 14

»WAS NUN GOTT ZUSAMMENGEFÜGT HAT, SOLL DER MENSCH NICHT SCHEIDEN«: DER RADIKALE NEUE GEHORSAM

»Und er machte sich von dort auf und kommt in das Gebiet von Judäa und von jenseits des Jordan. Und wieder kommen Volksmengen bei ihm zusammen, und wie er gewohnt war, lehrte er sie wiederum.

Und es traten Pharisäer herzu und fragten ihn, um ihn zu versuchen: Ist es einem Mann erlaubt, seine Frau zu entlassen? Er aber antwortete und sprach zu ihnen: Was hat euch Mose geboten? Sie aber sagten: Mose hat gestattet, einen Scheidebrief zu schreiben und zu entlassen. Jesus aber sprach zu ihnen: Wegen eurer Herzenshärte hat er euch dieses Gebot geschrieben; von Anfang der Schöpfung an aber machte Gott sie als Mann und Frau. ›Deswegen wird ein Mann sei-

nen Vater und seine Mutter verlassen und seiner Frau anhangen, und die zwei werden ein Fleisch sein‹; also sind sie nicht mehr zwei, sondern ein Fleisch. Was nun Gott zusammengefügt hat, soll der Mensch nicht scheiden. Und in dem Haus befragten ihn die Jünger wiederum hierüber; und er spricht zu ihnen: Wer irgend seine Frau entlässt und eine andere heiratet, begeht Ehebruch ihr gegenüber. Und wenn sie ihren Mann entlässt und einen anderen heiratet, begeht sie Ehebruch.«

MARKUS 10,1-12

Wir nähern uns dem Ende dieses Buches und wollen noch gemeinsam darüber nachdenken, was es für das Thema Scheidung und Wiederheirat bedeutet, dass die Ehe die Liebe zwischen Christus und der Gemeinde darstellt. Wenn Sie selbst, Ihre Eltern oder andere Ihnen nahestehende Menschen geschieden und nun alleinstehend oder wiederverheiratet sind, ruft wahrscheinlich allein die Erwähnung des Wortes »Scheidung« Gefühle wie Sorge, Trauer, Enttäuschung, Zorn, Bedauern und Schuld in Ihnen wach. Es gibt nur wenige Dinge, die mehr verletzen und tiefer in die Persönlichkeit eindringen als eine Scheidung. Scheidung schmerzt noch mehr als der Tod eines Partners, weil man nach einem Todesfall in der Regel ohne Bedauern und Empörung trauern kann. Nach einer Scheidung muss man nicht nur mit dem enormen Verlust des Partners zurechtkommen, sondern auch noch mit der Wut und Enttäuschung und der Wucht der Sünde.

VERHEERENDE AUSWIRKUNGEN

Oft bahnt sich eine Scheidung schon jahrelang an, und genauso lang dauert es, sie über die Bühne zu bringen und hinterher die

Scherben aufzufegen. Eine Scheidung wirft das ganze Leben aus der Bahn. Versagen, Schuld und Furcht foltern die Seele. Wie der Psalmist tränken manche Betroffenen Nacht für Nacht ihr Bett mit Tränen (Psalm 6,7). Man kann sich nicht mehr auf die Arbeit konzentrieren, Bekannte wissen nicht mehr so recht, wie sie sich verhalten sollen, und Freunde beginnen sich zurückzuziehen. Mancher fühlt sich, als hätte er das Wort »geschieden« in dicken roten Buchstaben auf seiner Brust stehen.

Die Einsamkeit eines Geschiedenen ist anders als die einer Witwe oder eines Witwers oder eines Menschen, der noch nie verheiratet war. Sie ist eine Kategorie für sich. (Das ist übrigens ein Grund dafür, dass so viele Geschiedene zusammenfinden.) Die Traurigkeit darüber, dass die Zukunft zerstört am Boden liegt, überschattet alles andere, und als wäre das nicht genug, komplettieren oft noch Rechtsstreitigkeiten das persönliche Unglück.

Besonders qualvoll ist die ganze Angelegenheit, wenn Kinder mit betroffen sind. Eltern hoffen gegen jede Wahrscheinlichkeit, dass die seelischen Wunden ihre Kinder nicht zu emotionalen Krüppeln machen oder eines Tages deren Ehen ruinieren. Schlecht durchdachte und unpraktische Sorgerechtsregelungen verlängern manche Tragödie noch um Jahrzehnte. Innerhalb der letzten fünfzig Jahre ist die Scheidungsrate in der westlichen Welt um ein Vielfaches angestiegen.

ZWEIMAL LIEBE ZU GESCHIEDENEN

Es gibt zwei Wege, liebevoll und fürsorglich auf Scheidungen zu reagieren. *Erstens* stehen wir den Geschiedenen bei, während sie trauern und ihren Teil der Schuld bereuen. Dabei helfen wir ihnen auch, die Umbrüche durchzustehen und aus der Vergebung, die Christus uns durch seinen Tod und seine Auferstehung geschenkt hat, Kraft für neuen Gehorsam zu schöpfen.

Zweitens erklären wir, wie sehr wir Scheidung hassen und warum sie Gottes Willen widerspricht, und tun alles in unserer Macht Stehende und von der Bibel her Mögliche, um sie zu verhindern. Es mag im ersten Moment liebevoll aussehen, die Heiligkeit und lebenslängliche Gültigkeit der Ehe nicht ganz so ernst zu nehmen (und damit die Stabilität des Ehebundes zu schwächen), aber solche faulen Kompromisse richten über Jahrzehnte gesehen in Tausenden von Fällen Chaos und Verwüstung an. Vielleicht fühlt es sich jetzt schwierig an, den Bund der Ehe durch hohe Standards zu schützen, aber dadurch schenken wir zukünftigen Generationen großen Segen.

Diese beiden Wege sind *keine Alternativen*, und es ist sehr wichtig, dass wir in unseren Gemeinden *beide* praktizieren.

WENN CHRISTUS SICH SCHEIDET, DÜRFEN WIR ES AUCH

Wenn uns klar ist, was der Ehebund bedeutet, dann verstehen wir, dass Menschen ihn nicht rechtmäßig auflösen können. Deshalb habe ich in den bisherigen Kapiteln den Bund zwischen Christus und seiner Gemeinde so betont. Verheiratet zu sein, heißt, diese Wahrheit zu leben und zu zeigen. Es gibt noch andere Gründe für die Ehe, aber das ist der Hauptgrund.

Wenn Christus jemals seine Gemeinde sitzen lässt und sich aus dem Staub macht, dann darf sich auch ein Mann von seiner Frau scheiden lassen. Und wenn die mit dem Blut des Neuen Bundes erkaufte Gemeinde jemals aufhört, Christi Braut zu sein, dann darf sich eine Frau rechtmäßig von ihrem Mann scheiden lassen. Aber solange Christus seinen Bund mit der Gemeinde hält und die Gemeinde durch die allmächtige Gnade Gottes das erwählte Volk Gottes bleibt, solange gehört es zum innersten Wesen der Ehe: *Was* Gott *zusammengefügt hat, kann nur* Gott *trennen.*

HEILIGKEIT ERNST NEHMEN

Ich bete darum, dass wir zu Menschen werden, die die Heiligkeit der Ehe absolut ernst nehmen. Die Menschen um uns herum behandeln diesen Diamanten wie irgendeinen Kieselstein. Aber in Wirklichkeit ist die Ehe noch viel heiliger, als die meisten von uns sich vorstellen können. Sie ist eine einzigartige Schöpfung Gottes, eine dramatische Darstellung von Gottes Beziehung zu seinem Volk. Zwischen der gering schätzenden weltlichen Perspektive auf die Ehe (zu Jesu Zeiten genauso wie heute) und den atemberaubenden Worten des Herrn über die Ehe klafft eine endlose Kluft. Die Ehe ist das Werk *Gottes*, nicht des Menschen, und es liegt nicht in der Macht des Menschen, sie zu beenden.

JESUS KENNT SEINEN MOSE

In Markus 10,1-12 wird berichtet, dass die Pharisäer zu Jesus kommen und ihn fragen: »Ist es einem Mann erlaubt, seine Frau zu entlassen?« Heute fragen die Menschen noch nicht einmal mehr; es wird einfach vorausgesetzt. Scheidung wird nicht nur als rechtmäßig angesehen, sie ist sogar unkompliziert und billig. Googeln Sie doch einfach mal das Wort »Scheidung« und sehen Sie, was

Sie finden: »Ehescheidung online«, »Scheidung ohne Aufwand«, »Scheidung ohne Stress«, »Ihre Scheidung sofort«. Ich möchte es behutsam und doch ernst sagen: Diejenigen, die Gottes Schöpfung und die Herrlichkeit Christi verachten und ihren Lebensunterhalt und ganze Geschäftszweige darauf aufbauen, Scheidungen billig und einfach zu machen, ziehen sich Gottes Zorn zu und sollten Buße tun und um Vergebung bitten, bevor es zu spät ist.

Jesus wusste, dass die Pharisäer im Allgemeinen ein »ehebrecherisches Geschlecht« waren (Matthäus 12,39), das seine Scheidungen verteidigte. Also fragt er sie in Markus 10,3: »Was hat euch Mose geboten?« Er schaut mit ihnen zurück in das Gesetz Moses. Aber hier sollten die Pharisäer lieber vorsichtig sein. Mose schrieb nicht nur das *fünfte* Buch Mose (5. Mose), aus dem sie zitieren wollen, sondern auch das *erste* Buch Mose (1. Mose). In Markus 10,4 sagen sie: »Mose hat gestattet, einen Scheidebrief zu schreiben und zu entlassen.« Das ist wahr; so steht es in 5. Mose 24,1.

Welche Antwort gibt Jesus ihnen darauf? In Vers 5 sagt er: »Wegen eurer Herzenshärte hat er euch dieses Gebot geschrieben …«

Das ist ja ein starkes Stück; damit deutet Jesus an, dass es im Alten Testament Gesetze gibt, die nicht Gottes Willen für alle Zeit ausdrücken, sondern dazu dienen, Sünde bei einem gewissen Volk zu einer gewissen Zeit am besten in den Griff zu bekommen. Scheidung wurde im Alten Testament niemals befohlen und niemals offiziell eingeführt. Aber sie wurde erlaubt und reguliert – ebenso wie Polygamie und gewisse Arten der Sklaverei. Jesus sagt hier, dass die Erlaubnis zur Ehescheidung nicht Gottes Ideal für sein Volk darstellt; stattdessen zeigt sie die Uneinsichtigkeit und Hartherzigkeit des menschlichen Herzens. »Wegen eurer Herzenshärte hat er euch dieses Gebot geschrieben …«

ZURÜCK ZUR SCHÖPFUNG

Dann erinnert Jesus die Pharisäer (und uns) an Gottes in der Schöpfung geoffenbarten Willen und zitiert 1. Mose 1,27 und 2,24. Hier sehen wir, was Gott sich mit der Ehe gedacht hat (Markus 10,6-8): »Von Anfang der Schöpfung an aber machte Gott sie als Mann und Frau. ›Deswegen wird ein Mann seinen Vater und seine Mutter verlassen und seiner Frau anhangen, und die zwei werden ein Fleisch sein‹; also sind sie nicht mehr zwei, sondern ein Fleisch.«

Damit endet Jesu Bibelzitat. Was machen wir damit? Jesus sieht ja eindeutig eine Spannung zwischen 5. Mose 24 und 1. Mose 1–2. Das »aber« in Vers 6 bedeutet: Gottes Willen in Bezug auf Scheidung in 1. Mose 1–2 ist nicht derselbe, der in 5. Mose 24 ausgedrückt wird.

Also lautet die große Frage: Für welche Aussage wird Jesus sich entscheiden? Wird er sagen: »Na ja, die Menschen sind heute immer noch uneinsichtig, auch meine Jünger, und deshalb drückt das fünfte Buch Mose Gottes Willen für meine Nachfolger heute aus«? Oder wird er sagen: »Ich bin der Messias, der Christus. Der Sohn des Menschen ist in die Welt gekommen, um sich ein Volk zu sammeln, das durch Glauben an ihn und in Einheit mit ihm die wahre Bedeutung der Ehe abbildet, indem es sein Eheversprechen hält«? Wird sein Schwerpunkt darauf liegen, dass es in der Gemeinde immer noch Herzenshärte gibt, oder darauf, dass das Alte vergangen ist und etwas ganz Neues begonnen hat (2. Korinther 5,17)?

DREI SCHLUSSFOLGERUNGEN

Jesus zieht in Markus 10,8-9 drei Schlussfolgerungen. *Erstens* sagt er in Vers 8: »... also sind sie nicht mehr zwei, sondern ein

Fleisch.« Gott sagt in 1. Mose 2,24: »Und sie werden ein Fleisch sein«, und daraus folgert Jesus für seine Zeit und unsere, dass sie dies tatsächlich sind. Die Ehe ist eine sehr tiefgehende Einheit – ein Fleisch, ebenso wie Christus und die Gemeinde ein Leib sind (Römer 12,5).

Seine *zweite* Schlussfolgerung lautet, dass diese Einheit des einen Leibes die Schöpfung – das Werk – Gottes ist, nicht der Menschen. Er sagt in Vers 9: »Was nun Gott zusammengefügt hat …« Obwohl es zwei *Menschen* sind, die sich entscheiden zu heiraten, und ein *menschlicher* Pastor, Priester, Standesbeamter oder irgendeine andere Person ihre Einheit vollzieht und legalisiert, sind sie alle zweitrangig gegenüber dem Hauptakteur, Gott. »Was nun Gott zusammengefügt hat« heißt: Gott ist der Haupthandelnde bei einer Eheschließung.

Am Ende von Vers 9 lesen wir dann Jesu *dritte* Schlussfolgerung: »… soll der Mensch nicht scheiden.« Der Gegensatz wird hier ganz deutlich: Wenn Gott Mann und Frau in der Ehe zusammengefügt hat, dann haben Menschen nicht das Recht, sie zu trennen. Das ist Jesu dritte Schlussfolgerung aus 1. Mose 1–2. Gott möchte mit dieser heiligen Einheit zeigen, wie unzerstörbar und stark seine Liebe zu seinem Volk ist. Deshalb hat der Mensch schlicht und einfach *kein Recht* zu zerstören, was Gott aufgebaut hat.

NEIN, ES ENTSPRICHT NICHT DEM GESETZ!

Damit endet Jesu Unterhaltung mit den Pharisäern über Scheidung. Seinen Jüngern hat er noch mehr darüber zu sagen, aber mit den Pharisäern ist er fertig. *Sie* fragen nichts mehr; *er* sagt nichts mehr. Sie sind mit der Frage gekommen: »Ist es einem

Mann erlaubt, seine Frau zu entlassen?« Und Jesus antwortet: »Was nun Gott zusammengefügt hat, soll der Mensch nicht scheiden.« Nein; es entspricht nicht dem Gesetz. Es widerspricht dem Wesen der Ehe.

Natürlich könnte jemand darauf hinweisen, dass Scheidung diesem Wesen schon immer widersprochen hat und im fünften Buch Mose trotzdem erlaubt wurde. Das ist eine gute Beobachtung, aber so denkt Jesus nicht. Für seine Nachfolger gilt ein höherer Maßstab als der Kompromiss für Uneinsichtige in 5. Mose.

RADIKALER NEUER GEHORSAM

Jesus kam nicht einfach nur, um das mosaische Gesetz zu *bestätigen*. Durch seinen selbstlosen, vergebenden, rechtfertigenden Gehorsam und Tod hat er es mit aller Hingabe, Vergebung und Gerechtigkeit *erfüllt*. Zu diesen höheren Maßstäben will er auch seine erlösten, gerechtfertigten Nachfolger mitnehmen; denn wenn man den »*ganzen Mose*« liest, sieht man, dass es eigentlich von Anfang an so gedacht war.

Denken Sie an Matthäus 5,17: »Denkt nicht, dass ich gekommen sei, das Gesetz oder die Propheten aufzulösen; ich bin nicht gekommen, aufzulösen, sondern zu erfüllen.« Dann zählt Jesus sechs Beispiele dafür auf, wie dieser kompromisslose neue Gehorsam bei seinen Jüngern aussehen soll. Hier nur zwei dieser Beispiele: »Ihr habt gehört, dass zu den Alten gesagt ist: Du sollst nicht töten … Ich aber sage euch: Jeder, der seinem Bruder ohne Grund zürnt, wird dem Gericht verfallen sein« (Matthäus 5,21-22). Und: »Ihr habt gehört, dass gesagt ist: Du sollst nicht ehebrechen. Ich aber sage euch: Jeder, der eine Frau ansieht, sie zu begehren, hat schon Ehebruch mit ihr begangen in seinem Herzen« (Matthäus 5,27-28; die anderen Beispiele finden Sie im weiteren Verlauf von Matthäus 5).

Jesus kam also nicht nur, um durch seinen Tod und seine Auferstehung das Gesetz zu erfüllen. Er steht auch für ein radikal neues Verständnis des Gesetzes und ruft sein Volk zu radikalem Gehorsam auf, der sich nicht um das *Gesetz* dreht, sondern um *ihn* selbst. Darin wird die Fülle des Willens Gottes für uns widergespiegelt, vor allem das *Evangelium* – das, was Christus auf Golgatha für seine Gemeinde getan hat.

Eine Ehe zwischen Christen ist dazu da, die Wahrheit über das Evangelium zu erzählen: Christus starb für seine Gemeinde, die ihn liebt, und bricht niemals den Bund mit seiner Braut. Im Grunde sagt Jesus also: »Ihr habt gehört, dass gesagt ist: ›Ihr dürft euch scheiden.‹ Aber ich sage euch: Ich bin gekommen, um eure Uneinsichtigkeit und Herzenshärte zu überwinden. Ich bin gekommen, um für Sünden zu sterben. Ich bin gekommen, damit ihr in meinen Augen gerecht seid. Ich bin gekommen, um euch durch meine aufopfernde Bundesliebe für meine sündige Braut zu zeigen, wofür die Ehe stehen soll. Ich bin gekommen, um euch die Kraft zu geben, verheiratet oder allein zu bleiben, sodass ihr auf dem Weg, den ihr einschlagt, eure Versprechen halten könnt und zeigt, was meinen Liebesbund ausmacht und wie heilig der Ehebund ist.«

Nachdem die Pharisäer gegangen sind und Jesus mit seinen Jüngern allein ist, drückt er das Ganze noch unverblümter und kompromissloser aus (Markus 10,10-12): »Wer irgend seine Frau entlässt und eine andere heiratet, begeht Ehebruch ihr gegenüber. Und wenn sie ihren Mann entlässt und einen anderen heiratet, begeht sie Ehebruch.«

DIE GUTE NEUIGKEIT: GNADE

Markus berichtet nicht, wie sprachlos die Jünger nach diesen Worten waren, aber *Matthäus* tut es. Im nächsten Kapitel möchte ich an zwei wichtigen Stellen bei Matthäus (5,32 und 19,9), dreien aus dem ersten Korintherbrief (7,10-11.12-16.39) und einer aus dem Römerbrief (7,1-3) zeigen, warum ich denke, dass wir Jesus hier beim Wort nehmen sollten und von jeder Wiederheirat abraten sollten, solange der Partner noch lebt. Ich denke, dazu beruft Jesus uns als seine Nachfolger. Wir sollen unsere Eheversprechen so einhalten, dass wir damit die Wahrheit über den unendlichen Liebesbund Christi erzählen.

Aber zum Schluss dieses Kapitels möchte ich betonen, dass das, was Jesus hier in Markus 10,1-12 sagt, unglaublich gute Neuigkeiten sind, selbst für diejenigen, die geschieden und wiederverheiratet sind. Und zwar gerade deshalb, weil Jesus sagt: »Lasst euch nicht von eurem Partner scheiden und heiratet jemand anderen. Wenn ihr das tut, begeht ihr Ehebruch.« Warum ist das Ehebruch? Weil es ein Verrat an der Wahrheit über Christus ist, die die Ehe zeigen soll. Jesus tut so etwas niemals mit seiner Braut, der Gemeinde. Er vergisst sie nie, verwirft sie nie und geht nie schlecht mit ihr um. Er liebt sie immer. Er holt sie immer zurück, wenn sie sich verirrt, ist immer geduldig mit ihr, sorgt immer für sie, versorgt sie und beschützt sie und – das ist das größte Wunder – freut sich an ihr. Egal, ob Sie nun einmal, fünfmal oder gar nicht verheiratet sind: Wenn Sie Christus vertrauen, ihn als Ihren größten Schatz annehmen, der an Ihrer Stelle bestraft wurde und um dessentwillen Sie gerecht sind, dann gehören Sie zu seiner Braut. Und so geht er mit Ihnen um: »... dass jeder, der an ihn glaubt, Vergebung der Sünden empfängt durch seinen Namen« (Apostelgeschichte 10,43).

Der radikale Aufruf Jesu, sich niemals scheiden zu lassen und wieder zu heiraten, verkündet das Evangelium, das gescheiterte Menschen rettet. Wir wären alle hoffnungslos verloren, wenn Christus nicht so wahrhaftig, verbindlich und vergebungsbereit wäre.

»Gott macht eure Ehe unauflöslich, er schützt sie vor jeder Gefahr, die ihr von außen oder innen droht; Gott will der Garant ihrer Unauflöslichkeit sein. Es ist eine beglückende Gewissheit für den, der das weiß, dass keine Macht der Welt, keine Versuchung, keine menschliche Schwachheit auflösen kann, was Gott zusammenhält; ja, wer das weiß, darf getrost sagen: Was Gott zusammengefügt hat, das kann der Mensch nicht scheiden. Frei von aller Bangigkeit, die der Liebe immer innewohnt, dürft ihr in Gewissheit und voller Zuversicht nun zueinander sagen: Wir können einander nie mehr verloren gehen, wir gehören einander durch Gottes Willen bis zum Tod.«

Dietrich Bonhoeffer,
Widerstand und Ergebung, S. 35-36.

KAPITEL 15

»WAS GOTT ZUSAMMENGEFÜGT HAT, SOLL DER MENSCH NICHT SCHEIDEN«: DAS EVANGELIUM UND DIE GESCHIEDENEN

»Und die Pharisäer kamen zu ihm, versuchten ihn und sprachen: Ist es einem Mann erlaubt, aus jeder Ursache seine Frau zu entlassen? Er aber antwortete und sprach: Habt ihr nicht gelesen, dass der, der sie schuf, sie von Anfang an als Mann und Frau machte und sprach: ›Deswegen wird ein Mann den Vater und die Mutter verlassen und seiner Frau anhangen, und die zwei werden ein Fleisch sein‹? Also sind sie nicht mehr zwei, sondern ein Fleisch. Was nun Gott zusammengefügt hat, soll der Mensch nicht scheiden. Sie sagen zu ihm: Warum hat denn Mose geboten, einen Scheidebrief zu geben und sie zu entlassen? Er spricht zu ihnen: Mose hat euch wegen eurer Herzenshärte gestat-

tet, eure Frauen zu entlassen; von Anfang an aber ist es nicht so gewesen. Ich sage euch aber: Wer irgend seine Frau entlässt, nicht wegen Hurerei, und eine andere heiratet, begeht Ehebruch; und wer eine Entlassene heiratet, begeht Ehebruch. Seine Jünger sagen zu ihm: Wenn die Sache des Mannes mit der Frau so steht, dann ist es nicht ratsam zu heiraten. Er aber sprach zu ihnen: Nicht alle fassen dieses Wort, sondern die, denen es gegeben ist; denn es gibt Verschnittene, die von Mutterleib so geboren sind; und es gibt Verschnittene, die von den Menschen verschnitten worden sind; und es gibt Verschnittene, die sich selbst verschnitten haben um des Reiches der Himmel willen. Wer es zu fassen vermag, der fasse es.«

MATTHÄUS 19,3-12

Im letzten Kapitel habe ich zwei Möglichkeiten vorgestellt, wie wir mitfühlend und fürsorglich auf Ehescheidungen reagieren können. Die beiden sind keine Alternativen, wir sollten unbedingt *beides* tun: geschiedenen Menschen beistehen (schmerzliche Veränderungen gemeinsam mit ihnen durchstehen, unser Leben mit ihnen teilen und ihnen helfen, durch die Kraft von Christi Vergebung neu gehorsam zu sein) und erklären, wie sehr wir Scheidung hassen und warum sie Gottes Willen widerspricht, und alles von der Bibel her Mögliche tun, um sie zu verhindern.

EHELOS BLEIBEN FÜR DIE WAHRHEIT

Ich habe bewusst zwei Kapitel darüber geschrieben, wie würde- und wertvoll die Ehelosigkeit ist und wie man durch sie Christus verherrlichen kann, obwohl dies ein Buch über die Ehe ist. Mir ist bewusst, dass eine Scheidung Tausende Menschen in diese Situation hineinkatapultiert, viele davon gegen ihren Willen. Wenn wir dafür einstehen, dass Ehe die lebenslange Bindung an einen lebenden Partner ist, dann müssen wir bereit sein, alleinstehende, geschiedene Menschen von ganzem Herzen zu lieben und unsere Häuser und Familien für sie zu öffnen.

Betrachten wir die Dinge aus einem klaren biblischen und auf die Ewigkeit ausgerichteten Blickwinkel und erinnern uns immer wieder daran, dass dieses *irdische* Leben – alleinstehend oder verheiratet, geschieden oder nicht – verglichen mit dem *ewigen* Leben bei Gott sehr kurz ist. Jakobus schreibt: »Denn was ist euer Leben? Ein Dampf ist es ja, der für eine kurze Zeit sichtbar ist und dann verschwindet« (Jakobus 4,14). Wenn ein Mensch Single bleiben soll, um sein Eheversprechen in Ehren zu halten, dann geht das nur mit dieser Perspektive.

GOTT SETZT ANFANG UND ENDE

In Kapitel 14 habe ich den Standpunkt bezogen: Wenn es wirklich die größte Bedeutung der Ehe ist, die unzerstörbare Liebe zwischen Christus und seiner Gemeinde abzubilden (Epheser 5,22-33), dann hat kein Mensch das Recht, einen Ehebund zu brechen. Wenn der undenkbare Tag kommt, an dem Christus sein Versprechen bricht, jeden Tag bei uns zu sein »bis zur Vollendung des Zeitalters« (Matthäus 28,20), dann erst darf auch ein Mensch seinen Ehebund brechen.

Deshalb gibt Jesus sich nicht zufrieden mit der Scheidungsregelung in 5. Mose 24,1-4, sondern sagt: »Was nun Gott zusammengefügt hat, soll der Mensch nicht scheiden« (Markus 10,9).

Da Gott derjenige ist, der bewusst jede Ehe stiftet, hat nur Gott das Recht, eine Ehe zu scheiden. Und das tut er durch den Tod. Deshalb haben die traditionellen und biblischen Eheversprechen nur eine einzige Befristung: »bis der Tod uns scheidet« oder »solange wir beide leben«.

VIER DRINGENDE FRAGEN

Natürlich tauchen viele biblische und auch ganz praktische Fragen auf, wenn jemand so vehement dafür eintritt, dass die Ehe unverletzbar und heilig ist und eine Scheidung und Wiederheirat zu Lebzeiten des Partners deshalb nicht infrage kommt. In diesem Kapitel möchte ich versuchen, einige der dringendsten Fragen zu beantworten.

1. Beendet der Tod eine Ehe, sodass der andere Partner wieder heiraten darf?

Die Antwort lautet: Ja, und niemand hat dies je ernsthaft infrage gestellt. Ganz deutlich wird das in Römer 7,2-3:

> »Denn die verheiratete Frau ist durch Gesetz an den Mann gebunden, solange er lebt; wenn aber der Mann gestorben ist, ist sie losgemacht von dem Gesetz des Mannes. Also wird sie denn, während der Mann lebt, eine Ehebrecherin genannt, wenn sie eines anderen Mannes wird; wenn aber der Mann gestorben ist, ist sie frei von dem Gesetz, sodass sie keine Ehebrecherin ist, wenn sie eines anderen Mannes wird.«

Paulus sagt hier: Scheidung und Wiederheirat zu Lebzeiten des Partners ist Ehebruch, aber eine Wiederheirat nach dem Tod des Partners ist es nicht. Jesus hat ganz klar gemacht, dass es in der Auferstehung keine Ehe gibt (Matthäus 22,30). Wenn es falsch wäre, nach dem Tod eines Partners wieder zu heiraten, dann würde das ja bedeuten, dass die Ehe über den Tod hinaus in der Auferstehung gültig wäre. Aber das ist sie nicht. Der Tod ist das eindeutige und ewige Ende einer Ehe. Der verstorbene Partner hat die irdische Sphäre der Ehe verlassen und ist nicht länger verheiratet. Deshalb ist auch der Partner auf der Erde nicht mehr verheiratet. Also ist es nach dem Tod eines Partners nicht nur erlaubt, wieder zu heiraten, sondern es zeigt sogar eine eindeutige biblische Wahrheit: Nach dem Tod gibt es keine Ehe mehr.

2. Wenn eine geschiedene Person bereits wieder geheiratet hat, soll er oder sie den zweiten Partner verlassen?

Diese Frage ist deshalb so bedeutsam, weil Jesus die zweite Ehe als Ehebruch bezeichnet. Er sagt in Lukas 16,18: »Jeder, der seine Frau entlässt und eine andere heiratet, begeht Ehebruch; und wer eine von ihrem Mann Entlassene heiratet, begeht Ehebruch.«

Ich denke, dass jemand, der zu Lebzeiten des geschiedenen Partners wieder heiratet, seinem Ehebund gegenüber untreu ist. Also ist eine Wiederheirat in diesem Fall Ehebruch. Wir haben versprochen: »bis der Tod uns scheidet«, weil Gott sich die Ehe so vorstellt; und selbst wenn unser Partner sein oder ihr Versprechen bricht, brechen wir unseres nicht.

Aber ich denke nicht, dass jemand, der gegen Gottes Willen wieder heiratet – und damit genau genommen Ehebruch begeht –, später seine zweite Ehe brechen sollte. Diese Ehe hätte nicht geschlossen werden sollen, aber nun, da sie es ist, sollten Menschen sie nicht wieder auflösen. Es ist eine echte Ehe mit echtem Eheversprechen. Und wenn ein Paar seine Schuld bereut und Gottes Vergebung sucht und erfährt, dann müssen die beiden nicht denken, dass sie andauernd Ehebruch begehen, selbst wenn ihre Beziehung in Jesu Augen damit begonnen hat. Für diese Annahme habe ich mehrere Gründe:

1. In 5. Mose 24,1-4 (dort, wo die Scheidung im mosaischen Gesetz erlaubt wird) wird die geschiedene Frau durch die zweite Ehe »verunreinigt« genannt. Es sei ein »Gräuel«, wenn sie zu ihrem ersten Ehemann zurückkehren würde, sogar nach dem Tod ihres zweiten Mannes. (Der Ausdruck »verunreinigt« ähnelt der Ausdrucksweise Jesu, wenn er über »Ehebruch« spricht.) Trotzdem bleibt bei Mose die zweite Ehe gültig, auch wenn sie in gewissem Sinne verunreinigt ist.
2. Als Jesus die Frau am Jakobsbrunnen trifft, sagt er zu ihr: »Denn fünf Männer hast du gehabt, und der, den du jetzt hast, ist nicht dein Mann« (Johannes 4,18). Wenn Jesus sagt: »Der, den du jetzt hast, ist nicht dein Mann«, dann waren die anderen fünf das anscheinend sehr wohl. Nicht, dass es richtig wäre, sich fünfmal scheiden zu lassen und wieder zu heiraten. Aber so wie Jesus darüber spricht, muss er sie als echte Ehen angesehen haben, die zwar illegal waren und im Augenblick ihrer Schließung Ehebruch, aber echt und gültig.
3. Selbst wenn wiederverheiratete Paare ihre Eheversprechen nicht hätten ablegen sollen: Nachdem diese nun einmal gemacht wurden, sollten sie auch gehalten werden. Ich möchte

> kein ehernes Gesetz daraus machen, aber mehrere Abschnitte in der Bibel sprechen sich dafür aus, dass wir unsere Versprechen halten sollten, selbst wenn wir sie nicht hätten geben sollen (wie etwa Josuas Versprechen an die Gibeoniter in Josua 9). Gott legt sehr hohen Wert darauf, dass wir unser Wort halten, selbst wenn uns das in Schwierigkeiten bringt. »... hat er [der gottesfürchtige Mensch] *zum Schaden* geschworen, so ändert er es nicht« (Psalm 15,4). Mit anderen Worten: Es hätte Gott besser gefallen, wenn diese Ehe nicht geschlossen worden wäre; aber die Sünde eines weiteren Bundesbruchs würde ihm ebenfalls keine Freude bereiten.[23]

Einige Ehen in meiner Gemeinde sind für einen oder beide Partner die zweite Ehe und hätten deshalb (aus meiner Sicht) nicht geschlossen werden sollen. Aber heute sind sie Gott wohlgefällige Ehen – Ehen, die rein und heilig sind und in denen die Ehepartner Gottes Vergebung erfahren haben und ihn durch ihren Umgang miteinander ehren. Ihnen wurde vergeben, und sie sind gereinigte Nachfolger Jesu, die vom Geist Gottes geleitet werden. Deshalb begehen sie mit ihren Ehen keinen Ehebruch. Diese Ehen haben so begonnen, wie es nicht sein sollte, aber Gott hat sie geheiligt.

---

23 Die erzwungenen Scheidungen in Esra 10,9ff. sind eine Ausnahme von dieser Regel, die vermutlich der einzigartigen Situation des ethnischen Volkes Israel geschuldet ist, das im Alten Bund unter Götzenanbetern und Heiden lebte, Gottes Gebot gebrochen hatte und sich nun nicht durch Eheschließungen mit ihnen vermischen sollte. Wir wissen aus 1. Korinther 7,13 und 1. Petrus 3,1-6, dass die christliche Antwort auf gemischte Ehen zwischen Christen und Nichtchristen nicht die Scheidung ist.

3. Was soll der gläubige Partner tun, wenn ein ungläubiger Partner darauf besteht, ihn zu verlassen?

Paulus' Antwort in 1. Korinther 7,12-16 lautet:

> »Den Übrigen aber sage ich, nicht der Herr[24]: Wenn ein Bruder eine ungläubige Frau hat, und diese willigt ein, bei ihm zu wohnen, so entlasse er sie nicht. Und wenn eine Frau einen ungläubigen Mann hat, und dieser willigt ein, bei ihr zu wohnen, so entlasse sie den Mann nicht. Denn der ungläubige Mann ist geheiligt durch die Frau, und die ungläubige Frau ist geheiligt durch den Bruder; sonst wären ja eure Kinder unrein, nun aber sind sie heilig.[25] Wenn aber der Ungläubige sich trennt, so trenne er sich. Der Bruder oder die Schwester ist in solchen Fällen nicht gebunden; in Frieden aber hat uns Gott berufen. Denn was weißt du, Frau, ob du den Mann erretten wirst? Oder was weißt du, Mann, ob du die Frau erretten wirst?«

Die Antwort, die dieser Abschnitt gibt, lautet also: Ein Gläubiger, dem von einem Ungläubigen eine Scheidung aufgezwungen wird, sollte den Ungläubigen nicht bekriegen, um ihn zum Bleiben zu bewegen. Den Grund dafür nennt Paulus in Vers 15: »Der Bruder oder

---

24 Das »ich, nicht der Herr« bedeutet meiner Meinung nach: »Ich habe kein spezielles Gebot aus den historischen Lehren Jesu, aber sein Geist leitet mich.« Vgl. 1. Korinther 7,10.12.25.40.

25 Das deute ich so, dass die Ehe in Gottes Augen eine so heilige Einheit ist, dass ein Gläubiger, ein Nachfolger Gottes, nicht verunreinigt wird, indem er eine sexuelle Beziehung mit einem Gegner des Kreuzes hat; ebenso werden die Kinder nicht irgendwie mit einer Form von Verunreinigung geboren, weil der Vater oder die Mutter ein Feind Christi ist. Sie werden nicht dadurch gerettet, dass sie mit einem Gläubigen verheiratet sind oder von einem Gläubigen geboren wurden, aber sie haben das Vorrecht, durch diese Ehe etwas von Gottes Heiligkeit zu erfahren. Ich fand Paul K. Jewetts Buch *Infant Baptism and the Covenant of Grace*, Grand Rapids 1978 (Eerdmans), S. 122-138, sehr hilfreich für diesen Abschnitt.

die Schwester ist in solchen Fällen nicht gebunden ...« Ich glaube nicht, dass dieser Text lehrt, dass wir frei sind, wieder zu heiraten, wenn so etwas passiert. Einige deuten diese Worte mit der Bedeutung »der gläubige Mann oder die gläubige Frau ist in diesem Fall nicht verpflichtet, an der Ehe festzuhalten« so, dass diese Person frei zur Wiederheirat sei. Aber es gibt einige Gründe im Text, die meiner Meinung nach dagegensprechen:

1. Paulus sagt in Vers 15: »Der Bruder oder die Schwester ist in solchen Fällen nicht gebunden.« Ich denke, das bedeutet: Er oder sie ist nicht gebunden, verheiratet zu bleiben, wenn der ungläubige Ehepartner längere Zeit hindurch darauf besteht, ihn oder sie zu verlassen und sich scheiden zu lassen. Er sagt nicht: »Der Bruder oder die Schwester ist nicht an die Ehelosigkeit gebunden – und deshalb frei zur Wiederheirat.« Paulus tritt an anderen Stellen so sehr für die Ehelosigkeit ein, dass ich es für sehr unwahrscheinlich halte, dass er sie hier als eine Art Sklaverei oder Gebundenheit bezeichnet, von der die geschiedene Person sich befreien sollte.
2. In den Versen 10-11 hat er gerade in die andere Richtung gedeutet: »Den Verheirateten aber gebiete nicht ich, sondern der Herr, dass eine Frau nicht vom Mann geschieden werde (wenn sie aber auch geschieden ist, so bleibe sie unverheiratet oder versöhne sich mit dem Mann) und dass ein Mann seine Frau nicht entlasse.« Mit einer solchen Aussage vor Augen glaube ich nicht, dass Paulus sich vier Verse später für eine Wiederheirat einsetzt.

3. Auch Paulus' Argumentation im nächsten Vers (Vers 16) unterstützt nicht, dass er sich für eine Wiederheirat ausspricht. Sie unterstützt die Freiheit, eine Scheidung friedlich zu *akzeptieren*, nicht die Freiheit, wieder zu *heiraten*: »Denn was weißt du, Frau, ob du den Mann erretten wirst? Oder was weißt du, Mann, ob du die Frau erretten wirst?« Anders gesagt: Du weißt es nicht, und deshalb kannst du das nicht als Argument nutzen, um damit gegen die Auflösung der Ehe zu kämpfen. Also bedeuten auch die Worte in Vers 15: »Der Bruder oder die Schwester ist in solchen Fällen nicht gebunden«, dass man nicht an diese Ehe gebunden ist, wenn der ungläubige Partner ihre Auflösung verlangt, weil man keine Garantie dafür hat, dass ein Kampf um den Fortbestand der Ehe den Partner retten wird.
4. Ich glaube, dass Paulus Jesu Ideal unterstützt, dass man nach einer Scheidung nicht wieder heiraten sollte, während der Partner noch lebt, und zwar wegen Vers 39: »Eine Frau ist gebunden, solange ihr Mann lebt; wenn aber der Mann entschlafen ist, so ist sie frei, sich zu verheiraten, mit wem sie will, nur im Herrn.«

Es scheint mir, dass Paulus und Jesus da ganz einer Meinung sind: Anhänger Jesu sind mit ihrem Ehepartner verbunden, solange sie beide leben. Dieses Ideal spricht am deutlichsten von der Wahrheit des Evangeliums: Christus starb für seine Braut und lässt sie nie im Stich.

4. Gibt es gar keine Möglichkeit, wieder zu heiraten, solange der Partner noch lebt?

Meine Antwort lautet: Nein. Aber damit befinde ich mich in einer absoluten Minderheit der Bibelleser und selbst der bibeltreuen Theologen und Pastoren. Ich habe in zwei anderen Veröffentlichungen versucht, diese Ansicht gründlich von der Bibel her zu belegen[26], und werde sie hier deshalb nicht mehr ausführlich verteidigen. Wir werden uns einfach kurz mit Matthäus 19 beschäftigen und damit das Hauptargument der Befürworter einer legitimen Scheidung und Wiederheirat im Falle von Ehebruch untersuchen.

DIE AUSNAHMEKLAUSEL

Jesu Worte in Matthäus 19,3-12 sind denen in Markus 10,1-12 sehr ähnlich. Aber es gibt zwei wesentliche Unterschiede; den einen finden wir in Vers 9 in Form einer Ausnahmeklausel:

> »Ich sage euch aber: Wer irgend seine Frau entlässt, nicht wegen Hurerei, und eine andere heiratet, begeht Ehebruch; und wer eine Entlassene heiratet, begeht Ehebruch.«

Die meisten Fachleute verstehen die Worte »nicht wegen Hurerei« so, dass der betrogene Partner im Falle von Ehebruch frei ist, sich scheiden zu lassen und wieder zu heiraten.

HAT JESUS DAS GEMEINT?

Ich denke nicht, dass Jesus das gemeint hat. Er benutzt hier nicht das Wort »Ehebruch«[27], als er sagt: »nicht wegen Hurerei«. Er sagt

---

26 Siehe die Kapitel 40–42 in John Piper, *What Jesus Demands from the World*, Wheaton 2006 (Crossway), S. 301-322. Siehe auch den Artikel *Divorce and Remarriage: A Position Paper* (21.07.1986) unter http://www.desiringgod.org/ResourceLibrary/Articles/ByDate/1986/1488_Divorce_and_Remarriage_A_Position_Paper/ (abgerufen am 16.10.2024).

27 Griech. *moicheia*.

also nicht: »nicht wegen Ehebruch«, was zu erwarten wäre, wenn er sich tatsächlich auf Ehebruch beziehen würde. Dieses Wort für Ehebruch benutzt er an anderer Stelle (Matthäus 15,19), und zwar ganz speziell in Unterscheidung zu dem Wort, das er hier gebraucht und das normalerweise »Hurerei«[28] bedeutet.

Deshalb denke ich, dass Jesus seine Hörer hier darauf hinweist, dass dieses absolute Verbot der Wiederheirat nicht für ein *verlobtes* Paar gilt, bei dem einer der Partner Unzucht begangen hat. Er sagt also eigentlich: »Wenn ich eine Wiederheirat nach einer Scheidung absolut verbiete, dann gilt das nicht für die Scheidung eines *verlobten* Paares, das sich wegen Unzucht trennt.«

Matthäus ist der Evangelist, der uns von Josephs Absicht berichtet, sich von seiner Verlobten Maria zu scheiden, weil er dachte, sie hatte Hurerei begangen. »Da aber Joseph, ihr Mann, gerecht war und sie nicht bloßstellen wollte, gedachte er sie heimlich zu entlassen« (Matthäus 1,19). Das Wort, das hier für »entlassen«[29] gebraucht wird, ist dasselbe wie in Matthäus 19,9. Darüber hinaus sagt Matthäus, dass Joseph »gerecht«[30] war und deshalb im Recht damit lag, Maria zu entlassen. Es gibt keinen Hinweis darauf, dass es Joseph verboten wäre, nach dieser »Scheidung« aus der Verlobung mit Maria eine andere Frau zu heiraten. Daraus schließe ich, dass Matthäus als inspirierter Apostel uns in Kapitel 19,9 zeigt, dass Jesu Verbot der Wiederheirat nicht auf eine Situation wie die von Joseph und Maria zutrifft.

---

28 Griech. *porneia*. Vgl. Johannes 8,41, wo es von Ehebruch unterschieden wird.

29 Griech. *apolusai*.

30 Griech. *dikaios*.

Diese Sicht ist nicht weit verbreitet. Ich empfehle Ihnen aber, sie ernsthaft in Erwägung zu ziehen. Mit dem Kommen Jesu in die Welt hat die letzte Zeit begonnen und das Reich Gottes ist angebrochen. Der Heilige Geist wurde ausgegossen und der lebendige Christus ist immer bei uns. Er fordert uns auf, seinen Geboten kompromisslos zu folgen. Deshalb glaube ich, dass Gott in dieser verdorbenen und vergänglichen Welt hohe Erwartungen an sein Volk stellt. Dafür bete ich und das predige ich.

DAS EVANGELIUM: DIE GRUNDLAGE UNSERES LEBENS

Ob Sie nun beim Thema Scheidung und Wiederheirat mit mir übereinstimmen oder nicht: Ich bete dafür, dass wir alle erkennen, was die Ehe in ihrem innersten Wesen ausmacht. In der Ehe geht es nicht um sexuelle Intimität, so schön sie auch ist, nicht um Freundschaft, gegenseitige Nützlichkeit oder das Kinderbekommen und -erziehen, sondern darum, der Welt den Liebensbund zwischen Christus und seiner Gemeinde zu zeigen. Machen Sie das zu Ihrem Ziel, egal, ob Sie verheiratet oder alleinstehend sind!

Durch das Evangelium gibt Gott uns die Kraft, die wir dazu brauchen. Jesus sagt in Matthäus 19,11, nachdem er seine Jünger berufen hat, ihren Eheversprechen kompromisslos treu zu bleiben: »Nicht alle fassen dieses Wort, sondern die, denen es gegeben ist …«

Es ist denen gegeben, die Christus nachfolgen. Christus lässt uns nicht allein. Er ist bei uns, um uns zu helfen. Wenn jemand gegen uns gesündigt hat, wird Christus die Angelegenheit früher oder später wieder in Ordnung bringen (Römer 12,19). Im Warten darauf wird uns seine Gnade Erfüllung schenken. Und wenn wir selbst gesündigt haben, wird er uns die Gnade schenken, dass wir Buße tun, seine Vergebung empfangen und wieder kompromisslos gehorsam sein können.

Das Evangelium vom Tod Christi am Kreuz ist die Grundlage unseres Lebens. Die Ehe existiert, um es darzustellen. Und wenn eine Ehe zerbricht, wird das Evangelium vergeben, heilen und tragen, bis Christus wiederkommt oder uns zu sich ruft.

ZUM SCHLUSS

DIE EHE GEHT VORÜBER

Ich habe nichts darüber gesagt, welche Auswirkungen Ehe auf Armut, Gesundheit, einen Arbeitsplatz, Einkommen oder den materiellen Erfolg der Kinder hat, obwohl sie diese Bereiche stark beeinflusst. »Die Ehe ist von enormer Wichtigkeit, wenn wir den verletzlichsten Mitgliedern unserer Gesellschaft helfen wollen: den Armen, Minderheiten und Kindern.«[31]

Ich habe diese Aspekte aus einem einfachen Grund ausgelassen: Wenn wir uns auf die praktischen Folgen der Ehe konzentrieren, untergraben wir ihr riesiges Potenzial, genau diese zu erreichen. Um diese guten Effekte zu genießen, sollten wir uns also nicht auf sie stürzen. So funktioniert das Leben nach Gottes Plan: Wenn wir ihn und die Herrlichkeit seines Sohnes in den Mittelpunkt stellen, dann kommt alles andere von selbst. Machen wir dagegen die praktischen Auswirkungen zum Zentrum, verlieren wir beides.

Natürlich gibt es auch Nichtchristen, die stabile Ehen führen und denen es materiell gut geht. Aber die Kräfte, die sie zusammenhalten, haben mehr mit Gottes Schöpfung zu tun, als sie wis-

31 Juan Williams, *Enough*, New York 2006 (Three Rivers), S. 216.

sen. Sie schauen ja nicht einander in die Augen und sagen: »Dich zu lieben, war eine geschickte Finanztransaktion.« Krasser Materialismus hält sehr wenige Ehen zusammen. Die Spuren von Gottes Vision der Ehe bleiben erhalten, auch wenn sie verzerrt und den Menschen nicht bewusst sind. Gottes allgemeine Gnade lässt viele Schnittblumen ein Leben lang blühen.

Dieses Schlusswort soll also nicht bedeuten, dass ich die materiellen Vorzüge der Ehe für unwichtig halte. Ganz im Gegenteil: Ich wünsche mir, dass Menschen in jedem Bereich aufblühen. Ich möchte, dass aus armen Familien freudevolle, finanziell unabhängige, produktive und stabile Haushalte werden. Und gerade weil die Ehe so viele gute Auswirkungen hat, sollten wir immer wieder darauf hinweisen, dass sie unendlich tiefere Gründe hat.

In der Ehe geht es nicht um Wohlstand, sondern um die Liebe zwischen Christus und seiner Gemeinde. Christus zu kennen, ist wichtiger, als sein Auskommen zu haben. Christus hochzuhalten, ist wichtiger, als Kinder auf die Welt zu bringen. Im Glauben an Christus vereint zu sein, spielt eine größere Rolle für den Erfolg einer Ehe als perfekter Sex und der Wohlstand durch zwei Gehälter.

Wenn wir zweitrangige Dinge zur Nummer eins machen, werden sie zu Götzen. Ja, diese schönen Dinge haben ihren Platz. Aber sie stehen nicht an erster Stelle und sind uns nicht garantiert. Das Leben ist unsicher und selbst ein nach menschlichen Maßstäben langes Leben ist kurz. »Denn was ist euer Leben? Ein Dampf ist es ja, der für eine kurze Zeit sichtbar ist und dann verschwindet« (Jakobus 4,14). »Rühme dich nicht des morgigen Tages, denn du weißt nicht, was ein Tag gebiert« (Sprüche 27,1).

So ist es auch mit der Ehe. Sie ist ein vergängliches Geschenk. Vielleicht dauert sie ein Leben lang, vielleicht entweicht sie uns auch schon kurz nach den Flitterwochen. Wie auch immer: Sie ist kurz. Es mag viele strahlende Tage geben oder auch dunkle Wolken. Wenn wir zweitrangige Dinge an die erste Stelle setzen, werden unsere Probleme uns bitter machen. Aber wenn wir uns darauf konzentrieren, mit unserer Ehe zuerst Gottes Absicht zu erfüllen, kann uns keine Sorge und kein Schicksalsschlag etwas anhaben. Jeder einzelne von ihnen wird dann genau das Gegenteil eines Hindernisses – nämlich ein Weg zum Gelingen. Die Liebe zwischen Christus und seiner Gemeinde leuchtet am hellsten, wenn nichts außer Christus sie mehr erhalten kann.

Sehr bald wird der Schatten das Feld räumen für die Wirklichkeit. Das Stückwerk wird im Vollkommenen aufgehen. Der Vorgeschmack wird dem Festessen weichen und der harte und mühsame Weg im Paradies enden. Hunderte romantische Abendessen werden im Hochzeitsmahl mit dem Lamm ihre Vollendung finden. Und diese vorübergehende Ehe wird vom ewigen Leben verschlungen werden. Christus wird alles in allem sein und das Ziel der Ehe erreicht sein.

Ich bete von ganzem Herzen dafür, dass Gott uns die Augen dafür öffnet, was in diesem Leben wirklich zählt, dass der Heilige Geist, den er sendet, seinen gekreuzigten und auferstandenen Sohn zum Schatz unseres Lebens macht und dass dieser Schatz unsere Seelen so zufrieden macht, dass jeder Einfluss, der unsere Ehe zerstören will, schon an der Wurzel gekappt wird.

Möge diese Welt, die die Ehen der Christen beobachtet, von der Liebe Christi gepackt werden, die ihr Versprechen hält in Ewigkeit.

DANKSAGUNG

Ich habe vierzig Jahre lang damit gewartet, dieses Buch zu schreiben. Es gab so viele Spannungen in unserer Ehe, dass ich mich nicht fähig gefühlt habe, nach zehn, zwanzig oder dreißig Jahren über die Ehe zu schreiben. Nun, nach vierzig Jahren, wird mir klar, dass niemals alles stimmen wird. Deshalb erschien mir die Zeit nun reif für dieses Buch.

Mit Paulus' Worten im Ohr – »Daher, wer zu stehen meint, sehe zu, dass er nicht falle« (1. Korinther 10,12) – sage ich nun zuversichtlich, dass ich glaube, dass diese Ehe so lange bestehen wird, bis einer von uns stirbt. (Wenn ich bedenke, wie rar Witwer in unserer Gemeinde sind, werde vermutlich ich das sein.)

Deshalb möchte ich sagen, solange ich es noch kann: Danke, Noël, für dein Durchhalten in diesen vierzig Jahren. Danke, dass du dieses Buch möglich gemacht hast. Ohne dich hätte ich es nicht schreiben können. Was wir in der Bibel gelesen haben, durften wir im Schmelzofen des Lebens erfahren, in 40 Jahren Ehe und 36 Jahren als Eltern. Ich liebe dich.

Danke euch, Karsten, Benjamin, Abraham, Barnabas und Talitha, dass wir in unserer ersten Ehe mit euch experimentieren durften. Wir haben keine zweite Chance. *Ihr* seid unsere zweite Chance. Wir beten dafür, dass ihr eure Sache im Bewusstsein unserer Fehler besser machen werdet.

Danke, Bethlehem Baptist Church, dass ihr uns 28 von diesen 40 Jahren geliebt und für uns gebetet habt und unsere Ehe und Elternschaft in den härtesten wie in den besten Zeiten (was manchmal dasselbe ist) unterstützt habt. Es gibt keinen Ort, an dem ich lieber mein Leben verbracht und meine Kinder aufgezogen hätte.

Danke an unsere Eltern Ruth und Bill Piper und George und Pamela Henry. Ihr habt uns ein felsenfestes Fundament und unzählige gute Beispiele gegeben. Sie lassen die schlechten verblassen. Aber vor allem: Danke, dass ihr uns das Evangelium von Jesus Christus erzählt und gezeigt habt. Es gibt kein größeres Vermächtnis als Christus.

Danke unseren Freunden wie David und Karin Livingston und Tom und Julie Steller, die unsere Defizite vielleicht besser als irgendjemand sonst kennen und uns während der härtesten Zeiten ihre Herzen und Ohren geliehen haben.

Danke an meinen Assistenten David Mathis, dessen vorausschauendes Planen und Mittragen mir die Zeit schenkt zum Denken, Beten und Schreiben. Danke, David, dass du das Manuskript mehr als einmal mit mir durchgegangen bist und so viele gute Vorschläge gemacht hast.

Noël, wenn wir noch zwanzig weitere Jahre leben (bis ich 82 und du 80 bist), wird unsere Ehe sechzig Jahre alt sein. Und wenn mein Bibelwissen und meine Erfahrung mich nicht täuschen, wird auch diese Ehe vergänglich sein. Aber sie ist so viel mehr als das, nämlich ein Gleichnis über die Unvergänglichkeit, geschrieben in der Ewigkeit über die größte Geschichte, die es jemals gab. Dieses Gleichnis handelt von Christus und der Gemeinde.

Es war mir eine große Ehre, diese Bühne mit dir zu teilen. Wir durften herrliche Rollen spielen! Eines Tages werde ich deine Hand nehmen, auf dieser Bühne stehen und eine letzte Verbeugung machen. Das Gleichnis wird vorüber sein und die ewige Wirklichkeit beginnen.

